しかし、いまの社会では、
学習スタイルがガラッと変わるのは
「6歳」。

そう、小学校に進学するタイミングです。

じつはこれ、
子どもにとっては
ものすご～いストレス
なんです。

だから急に勉強しなくなったり、
内向的になる子がこの時期に増えてしまいます。

そんな現状をなんとかしたい！

そのため私は幼稚園と小学校の一貫校、

つまり「**幼小一貫校**」を全国で初めて立ち上げ、

「９歳」で学習スタイルを分ける教育を現場で実践してきました。

さんすう

その効果は**私の想像をはるかに超えて、**
大きなものが得られました。
子どもたちは生き生きとし、学力も心もぐんぐん成長！

本書では、そんな子育てが
家庭で簡単にできる方法をお伝えします。
家族みんなが幸せになる秘訣が満載です！

子育ては
これでうまくいく！
一生の学力も
身についていく。

「脳の器」を大きくしよう（9歳まで）

臨界期までにやりたいこと

2歳
先割れスプーンは卒業
お箸のトレーニング

3歳
着替え・身なりを整える
折り紙（チューリップなど）
24色の色鉛筆を買う
読み書き・そろばんは厳禁！

4歳
「3人以上」で遊ばせる
食器を運んでもらう
（休日のランチなど）

臨界期以降にやりたいこと

「人間性知能」を伸ばそう

10歳〜

図鑑を買ってあげる
バラエティ番組を見せる
英語は文法を学ばせる
プログラミング教育も可
「農業体験」をする
誕生日をうまく活用する
年齢に合わせた「役割」をつくる
受験のために部活をやめるはNG

その他

音楽ならモーツァルト！
美術館・博物館に行こう！

5歳

読み書きの開始・鉛筆の持ち方
郵便屋さんごっこなどのごっこ遊び（小道具作りも！）
折り紙（鶴）
「10人以上」で遊ばせる

6歳〜9歳

お掃除をさせる
キャンプ体験
英語クイズを始める
季節を感じる遊びをする
急に座学にスイッチしない

プロローグ

「間違った教育」は子どもの可能性をつぶし、親も疲れさせる

「わが子には幸せな人生を歩んでほしい。そのために学力も伸ばしてあげたい」

それは親ならば誰もが抱く切実な願いでしょう。

しかし、**子どもの能力を伸ばすために「いつ」「何を」行えばいいのかを理解している人は、ほとんどいないように思えます。**この大原則を知らないまま、「なんとなくよさそうだ」という理由で知育教材を買い与えたり、いろんな教室に通わせたりしても、お金と時間がかかるばかりで成果は期待できません。それどころか、間違った子育てや教育は、子どもの才能をダメにしてしまう危険性すらあります。

間違った子育ての代表格といえるのが「先取り学習」と「強みを伸ばす学習」です。

たとえば、小さいうちから塾に通わせたり、漢字や英単語の読み書きをやらせたりしていると、かえって勉強ができない子になってしまう可能性が高まります。反対に、10歳を過ぎた子どもに対して「英語のお歌をうたいましょう」などといった幼稚なアプローチをしても、成長は望めません。**また、将来アスリートになってほしいからといって特定のスポーツばかりやらせていると、最初は伸びても、14～15歳で頭打ちになってしまいます。**

そんなばかな、と思いますか?

しかし実際、教育熱心な親の子どもが優秀に育つとは限らないことは、皆さんもよくご存じでしょう。

おまけに子どもの学力が伸び悩むと、親であるあなた自身も疲弊します。子どものために一生懸命やっても効果が出ないとなれば、徒労感がわいて子育てがつらくなります。なんとかしなければと足掻《あが》くほど自分のための時間が取れなくなり、疲れもたまっていくでしょう。

正しい教育に沿って子どもの学力を上げることは、単に才能を伸ばしたり成績をよくしたりするというだけの話ではありません。

- 子どもの学習に対するストレスの軽減
- 子育ての不安から解放され、費やす時間も短縮
- 自由時間が増えて休息の時間や趣味の時間が増える
- 塾に行く必要も特別な教材も必要ないのでお金の負担も減る
- 正しい教育は心の発育につながり、躾《しつけ》も自然に身につけられる
- 子どもが健全に育つので、親子関係がどんどんよくなる
- 家庭のストレスが軽減することで、夫婦関係もよくなる
- 幼少期の正しい教育は、将来の収入や幸福度にも影響する

このように、大変だと思っていた子育てが、楽しく幸せなものへと変化していくのです。あなたと家族が笑顔で毎日を送るためにも、子どもの学力の伸ばし方は、正しく知っておきましょう。

9歳までは、「脳の器」を育てなさい

では、子どもの学力を正しく伸ばすためには何をすればいいのか？

ひと言でいえば「幼小一貫」で考えるのです。今の日本では3〜5歳の「幼稚園教育」と6〜12歳の「小学校教育」で中身がガラリと変わってしまいますが、**本来は0〜9歳を一区切りと考えて、一貫した「幼小教育」を行うべきなのです。**たったこれだけで、子どもの学力は最大限に伸びていきます。なぜなら、これこそが脳のプログラムに沿った教育だからです。

学力というのは、「脳の器」の大きさと、その器に盛った「ご飯」の量で決まります。わかりやすくいえば、**「才能の大きさ」**と**「努力の量」**といっていいかもしれません。この「脳の器」と「ご飯」が具体的に何を指すかは後述するとして、ここで覚えておいてほしいのは、「脳の器」を大きくできるかどうかは9歳までの教育にかかっているということです。どんなに努力したとしても「脳の器」は9歳までしか伸ば

せないことが、科学的に証明されているのです。

だから0~9歳のうちは「脳の器」を大きくすることに集中する。そして「脳の器」を最大限に育てたうえで、10歳以降はその器にご飯を盛っていく。これがもっとも効率的かつ合理的な学力の伸ばし方です。

脳の器を大きくするための作業は、ご家庭で簡単に実践することができます。それらの行動が習慣化すれば、子どもの学力はぐんぐん伸び、受験戦争や部活で勝ち抜く力がつくだけではなく、将来の稼ぐ力や幸福感にも影響するというデータもあります。脳のプログラムに沿った幼小一貫教育は、学力と心の強さの両方を一度に伸ばせるのです。

現代の日本では、幼児期からの教育がますます過熱する傾向にあります。その中心は「読み書き・そろばん」にまつわるものですが、これは脳の機能のほんの一部に執着した学習にすぎません。

一方で、レベルの高い教育機関ほど言語や計算だけではない、脳全体の器の大きさや人間性を重視するようになってきています。最高学府の東京大学が、画一的な学力よりも個性を重んじる推薦入試を導入したのはその顕著な例といえるでしょう。

幼児教育と高等教育とで乖離《かいり》が進んでいる今だからこそ、「幼小一貫」の教育を自宅で実践することには大きなメリットがあるのです。

茨城の小さな小学校が、全国から注目されている理由とは？

小学1年生で入学してくるときの偏差値は50前後。それが6年生になると、**学年平均で64**にまで成長する学校があります（教研式新学年別知能検査）。都心の有名校の話ではありません。茨城県水戸市の郊外にある創立15年の小さな私立小学校、リリーベール小学校で毎年起きている話です。

一般的に、私立の小学校は中学・高校とセットになっていて、なかには大学に附属しているマンモス校もありますが、リリーベールは小学校でおしまいです。その代わり附属幼稚園が二つあって、**全国でもめずらしい「幼小一貫教育」を行っています。**

私立の小学校にとって、附属の中学・高校がないのは死活問題です。だって、小学校なんて公立ならほとんどタダで通えるのに、あえて安からぬ学費を払って私立に行かせるのは、受験なしで中学・高校に入れるという目算があるからでしょう。小学校どまりの私立校なんて、どこにニーズがあるというのでしょうか。

おまけに場所は茨城県の片田舎ですから、都会と違ってお受験の文化もありません。こんな土地に幼小一貫校をつくって本当に人が集まるのか？　経営は成り立つのか？　当初はずいぶんと危ぶまれました。

ところが創立から15年が経った今では、おかげさまで生徒集めに苦労することはなくなりました。

「リリーベールに通わせると、ふつうの子がめきめき成長するらしい」

そんな口コミが広がってくれたおかげです。

ご挨拶《あいさつ》が遅れました。私はリリー文化学園の学園長をしております、大久保博之と申します。これまで40年にわたって幼児教育にたずさわり、育ててきた生徒は5万人におよびます。

現在は幼稚園・小学校・専門学校など合わせて14施設を運営し、つねに５０００人ほどの生徒数を抱えています。「読み書き・そろばん」ではなく**「脳の器」を大きくする教育方針**は親御さんからの評判も高く、ご家庭でも気軽に取り組んでいただいております。

さて、わかりやすい例として偏差値の話から始めてみましたが、リリーベールは決して偏差値至上主義の学校ではありません。むしろ保護者の皆さんから「いつ勉強しているのか」と心配されるほど〝体験活動〟ばかりやっている学校です。

運動会や遠足はもちろんのこと、キャンプに農村体験、ミュージカル鑑賞、観劇、年10回にもおよぶ映画鑑賞、そして毎年12月には大々的なクリスマス・アッセンブリー（演劇祭）。**リリーベールの子どもたちは、こうした楽しい体験活動を通じて「脳の器」を大きくし、「自分から勉強する子」になって、部活でも受験でも成果を出しています。**卒業生のなかには東大の推薦合格を得た子もいます。

本書では、そんなリリーベール式の育脳教育を、ご家庭でも実践できるノウハウに落とし込んでご紹介していきます。

幼児教育にこそ、科学とエビデンスを！

私が幼児教育に携わるようになって40年ほどになりますが、日本の子育てや教育というのはいまだに「文学」の世界で、なにごとも「みんなで頑張ろう」とか「元気を出そう」といった耳当たりのいい言葉で済ませようとする風潮が根強く残っています。子どもに対して「いつ、何を行うと、どんな効果があるのか」を誰も説明できないのです。

エビデンスなき幼児教育の世界を変えていきたい。

私がそう意識するようになったのは、今から25年ほど前のことです。きっかけは、ある保護者からのひと言でした。

「リリー幼稚園にいるあいだはカラー映画を観ているようだったのに、小学校にあがったとたんモノクロ映画になっちゃって……」

不思議なことをおっしゃるお母さんだなと思い、「どういうことですか？」と詳しく聞いてみたところ、次のような言葉が返ってきました。

「幼稚園ではお友達と一緒にお歌をうたったり、外遊びで自然と触れ合ったり、絵や工作を楽しんだり、毎日とっても楽しく過ごしていたのに、小学生になったとたん〝座学でお勉強〟になってしまうでしょう。うちの子はそのギャップに戸惑っているみたいで、最近どうも笑顔が少ないように思えるんです」

お話を聞いて、それはそうかもしれない、と思いました。

当時はまだリリーベール小学校が開校しておらず、われわれは幼稚園だけを経営していたため、卒園生はほぼ全員が地元の公立小学校に進学していました。当然ながら、公立小学校の授業は基本的に「座学」です。しかも当時は詰め込み教育の時代ですから、今よりもずっと「学校は勉強する場所」という意識が強かったことでしょう。

体験活動が中心の幼稚園と、座学ばかりの小学校。

そのギャップは、大人が考える以上に子どもに負担をかけているのではないか。幼稚園と小学校の連携がスムーズにできれば、子どもも安心して小学校生活に慣れ、無理なく勉強モードに移行できるのではないか。世の中には中高一貫校はたくさんあるけれど、本当に必要なのは幼小一貫校なのではないか。ならば、幼小一貫校を設立し、科学的根拠に基づいた教育を行おうではないか。

そんなことを考えながら、幼児教育のエビデンス確立に向けてリリー幼稚園でさまざまな試行錯誤を重ねていたとき、ある一冊の本に出合いました。認知神経科学者である澤口俊之氏の『幼児教育と脳』（文春新書）です。

一読して衝撃を受けました。私がそれまで20年近くにわたって実践してきた教育のあり方と、澤口氏が提唱する「幼児脳教育」が、ほぼ一致していたからです。私はここで初めて、自分の考えが間違っていなかったことを確信できました。

澤口氏は、アメリカの認知心理学者ハワード・ガードナーの「多重知能理論」を紹介しつつ、われわれの知能は言語的知能や空間的知能などに分類できること、それらの「多重知能」を伸ばせるかどうかは8歳までの「幼児脳教育」にかかっていることを、脳と進化の両方の観点から語っていました。

脳科学の考え方をベースに幼小一貫教育を行えば、すばらしい成果が得られるに違いない！　澤口氏の著書に勇気を得た私は、小学校設立の道を本気で模索し始めました。また同時に、澤口氏から学んだ幼児脳教育の指針をリリー幼稚園の教育に取り入れ、その効果を検証してきました。

その結果、いくつかの発見がありました。

まず、澤口氏は「8歳までが勝負」と述べられていましたが、リリーの子どもたちを見る限り「つ」のつく年齢まで、**すなわち七つ、八つ、九つの9歳までは、幼児脳教育の効果が得られると確信できました。**また、多重知能＝「脳の器」を大きくするためには**「4つの感動体験」**が効果的であることなどもわかってきました。

澤口氏の著書に出合ってから約20年、リリーベール小学校を開校して幼小一貫教育を始めてから15年――。

本書は、科学者のエビデンスと、幼稚園・小学校教育の現場で培った知見の集大成なのです。

プロローグ

第1章 子どもの才能は、9歳の「臨界期」までの学習で決まる！

第2章 脳の「発育プログラム」に沿った能力はこれだ！

第3章

お家でできる！「4つの体験」で学力を向上させる超具体的な方法

第4章 「人間性知能」も育てて「心の強さ」も一流にしよう

第5章

脳の働きを「爆上げ」する生活習慣

ブックデザイン・イラスト……藤塚尚子（e to kumi）
DTP……朝日メディアインターナショナル
編集協力……武政由布子・梅村このみ
編集……綿谷 翔（こはく社）

第1章

子どもの才能は、9歳の「臨界期」までの学習で決まる！

脳には「理想的な発達過程」がプログラミングされている

幼児教育の効果が得られるかどうかは、「いつ」「何を」させるかの組み合わせで99%決まります。

ひらがなや漢字の読み書きを覚える。英語の発音に慣れる。絵本を読んでもらう。クレヨンで絵を描く。ピアノを弾く。サッカーを習う。歌をうたう。理科の実験をする。公園で遊ぶ。テスト勉強として単語を暗記する。塾に通う——。

いずれも幼稚園〜小学校の子どもの多くが経験する学習であり、このなかに無意味なものはひとつもありません。しかし、時期によって「やらせていい学習」と「やらせてはいけない学習」に明確にわけることができます。

たとえば、世間では「英語は幼少期に伸ばすべし」といわれています。これは間違いではありませんが、英語は学び始める時期が早すぎたり遅すぎたりすれば、学習効果は半減、あるいはマイナスにさえなってしまいます。**なぜなら、脳が「これを学び**

古い脳と新しい脳

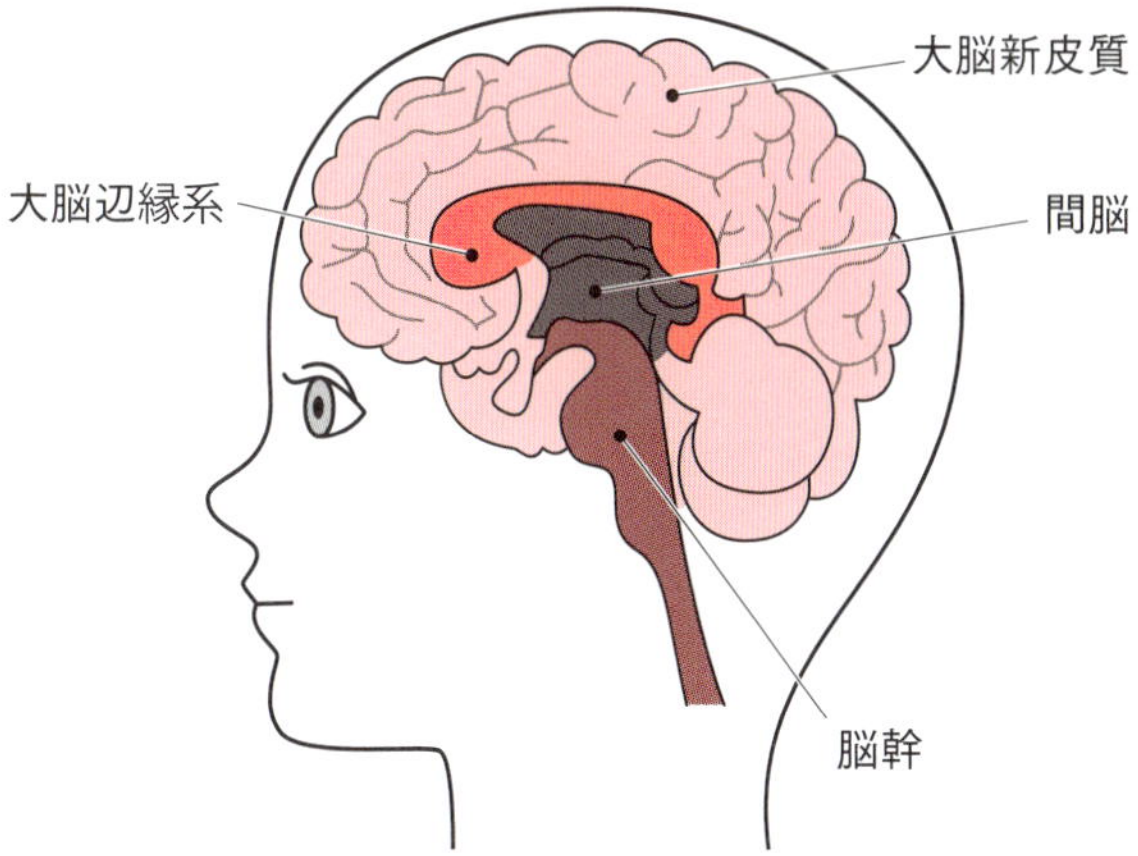

たい」と期待するものは年齢によって異なるからです。

少し専門的な話をしましょう。

脳をリンゴにたとえると、芯の部分が「古い脳」、それを取りまく実の部分が「新しい脳」になります。脳は進化の過程で中心から外側へと成長してきたため、芯に近い部分ほど古く、外側にいくほど新しいのです。

古い脳とは、ホメオスタシス（恒常性）をつかさどる脳幹および間脳、大脳辺縁系を指し、暑いときに「汗をかいて体温を調整しよう」と判断したり、眠気や食欲を感じたり、あるいは怒りや喜びといった原始的な情動・感情を感じたりする機能を有しています。動物も持っている原始的な脳であり、人間もまずはここから発達していきます。

新しい脳は、大脳新皮質という、人間らしさをぎっしり詰め込んだ高度な脳です。人間が理性的・論理的にものごとを考え、感情を制御することができるのは、すべてこの大脳新皮質のおかげです。

動物には大脳新皮質がほとんどないため、欲望のコントロールができません。空腹時にエサを与えられたら、迷わずに食らいつきます。

人間も小さいうちは新しい脳が完成していないので、好物を出されたら我慢できずに食べてしまいます。

しかし、成長とともに

「お腹がすいたな」

↓

「鞄《かばん》にアンパンが入っていたな」
←
「でも、今はみんなで話し合いをしている最中だ」
←
「今は食べるのをやめておこう」
←
「あとでのお楽しみにしよう！」

というように、欲望をコントロールできるようになります。これこそが新しい脳（大脳新皮質）のはたらきです。

ほかにもピアノを弾くとか、美しいものを美しいと感じるとか、箸を使うとか、信号が青になったから渡ろうとか、今は静かにするときだとか、そうした高度な判断をつかさどるのが新しい脳であって、本書のテーマである「脳の器」も、この「新しい脳」の器を指します。

——と、このようにご説明すると「ならば新しい脳を鍛えなければ！」と思われるかもしれませんが、それは早合点というものです。
人間も3歳くらいまでは新しい脳が未発達なので、いくら熱心に教育したとしても、大人のように我慢をしたり、芸術を楽しんだりすることはできません。言い換えれば、**3歳までは古い脳が一生懸命に育っている時期なので、その流れに逆らうことなく、古い脳を存分にはたらかせてあげるべきなのです。**

古い脳をはたらかせるということは、よく寝て、よく食べて、十分に身体を動かすという体験を通した活動です。親と一緒に遊び、喜怒哀楽を思いっきり発散させることも大切です。**そうしたことを差し置いて、1〜2歳のうちから英語の特訓なんてやってても意味がないどころか完全に逆効果で、脳の成長を阻害してしまいます。**

8歳と18歳のIQはまったく同じ

人間の頭のよさをはかる指標の一つに知能指数（ＩＱ）があります。いうまでもなくＩＱは高ければ高いほど頭がいいとされているのですが、不思議なことに、ＩＱと

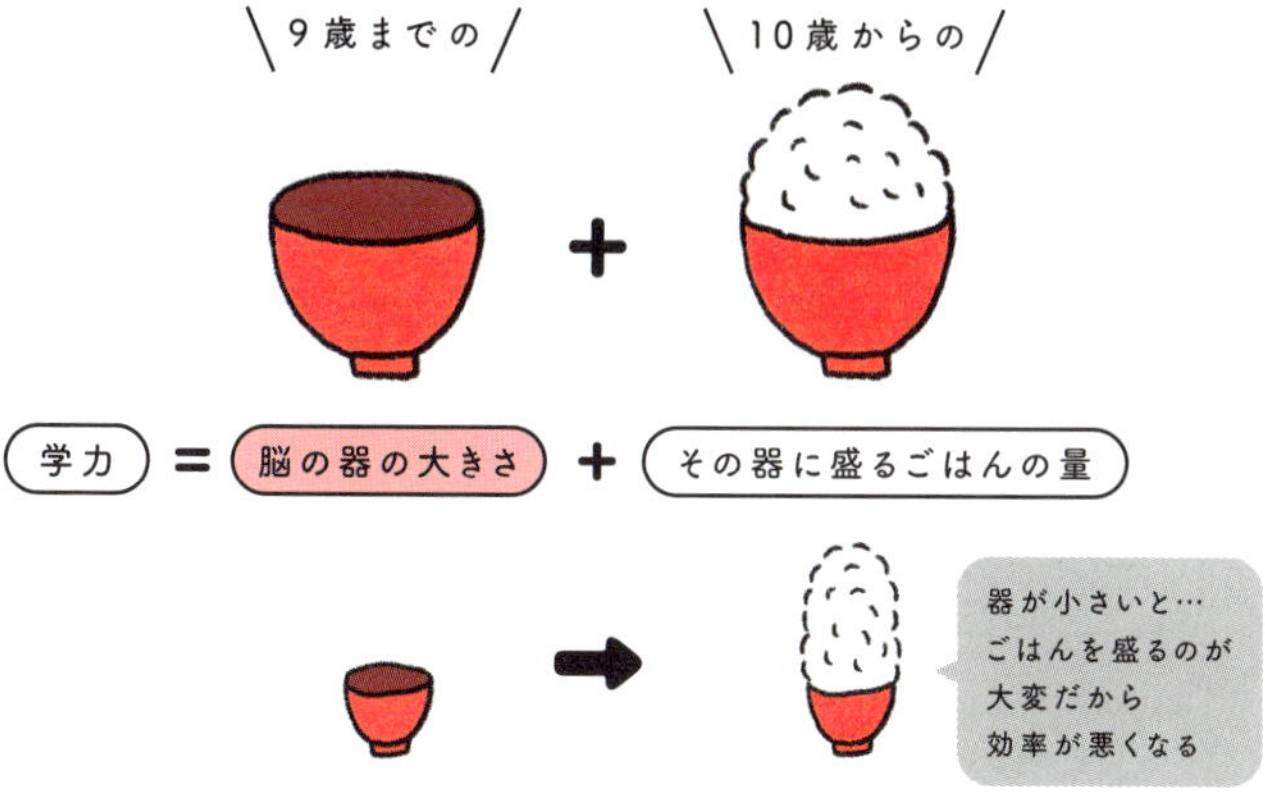

学力は比例するとは限りません。IQが高いのに学校のテストではいい点が取れなかったり、反対に、IQは人並みだけれど試験が得意だという子もいます。

では、IQと学力はどういう関係にあるのでしょうか？

簡単にいえば、IQとは「脳の器」であって、学力はその器に盛られる「ご飯」ということになります。

大きなどんぶり茶碗と、小さなお猪口《ちょこ》をイメージしてください。どんぶり茶碗にはご飯をたっぷり盛ることができ、盛り方が多少いいかげんでも、ご飯はこぼれることなくちゃんと盛られていきます。

かたや小さいお猪口には、ご飯はほとんど入らないし、こぼさないように盛るだけでひと苦労です。

つまりIQが高いのに学力が低い人は、努力が足りないがためにご飯を十分に盛れていない人であって、IQが低いのに学力がある人は、死に物狂いで勉強して、小さなお猪口に無理やりご飯を山盛りにしている人、というイメージです。

このことからわかるのは、IQ（脳の器）はとても大事だけれど、その大きさを活かすためには「ご飯を盛る力」も必要だということです。この「ご飯を盛る力」のことを一般的にはHQ（Human Quotient＝心の知能指数）といい、本書では「人間性知能」と呼んでいきます。「やる気」や「やり抜く力」などが含まれ、いくらIQが高くても、やる気がなければ学力は身につかない、というわけです。

頭のいい子に育てるためには、IQ（脳の器）もHQ（ご飯を盛る力＝人間性知能）も、どちらも伸ばしていく必要があります。

しかし、欲張ってはいけません。ものごとには順序があります。

IQ研究が盛んなアメリカでは、8歳と18歳のIQは同じだといわれています。**つまりIQは8歳までしか伸びないとされているのです。ただし、40年間にわたって日**

本の幼児教育の現場に携わってきた私の見解では、IQ（脳の器）が伸びる限界の時期は8歳ではなく9歳です。

ですから9歳まではとにかくIQ（脳の器）を伸ばす教育に力を入れ、10歳以降はHQ教育にも重点を移していく。それが頭のいい子を育てる最短ルートです。

9歳までに身につける能力と、10歳から身につける能力

ヒトや動物には、ある時期を過ぎるとどんなに頑張っても学習が意味をなさなくなる限界の時期があります。それを「臨界期」といいます。

たとえばカモなどは、生まれてすぐ天敵から身を守るために母親を認識する必要があるため、ふ化して最初に見た適度な大きさの動くものを親と認識します。これがかの有名な「すりこみ」です。ときどき「すりこみ」に失敗し、子豚や子犬を親と思い

込むカモがいてニュースになったりしますが、たとえ間違えて別のものを親と思い込んでも、生後25時間までは覚え直すことができます。ところが、25時間を超えてしまうと修正は不可能になります。つまりカモにとっては生後25時間が臨界期なのです。

人間はもっと複雑な動物なので、9歳が「脳の器」の臨界期になります。 実は、脳の器は6種類の知能を伸ばすことによって形成されるのですが（詳しくは第2章）、そのいずれも9歳までしか伸ばすことができません。絶対音感は8歳までしか身につかないといわれているのも、器の一つである「音楽的知能」の臨界期が8歳だからです。

小さい子どもの学習能力は驚異的で、大人が何年もかかって覚えることを、あっという間に覚えてしまいます。だから親は欲張って「あれもこれも」とやらせたくなるのですが、あくまでも優先すべきは「9歳までが臨界期」と決まっている能力です。

「脳の発育プログラム」に沿った学習こそ、子どもが自然と学び、抜群の効果を発揮する勉強法といえます。

臨界期がないものは、10歳を過ぎてから本腰を入れて伸ばしていけばいいのです。

臨界期を失うということは、「人間らしさ」を失うということ

生まれた直後は何もできなかった赤ちゃんが、自分の足で歩けるようになり、人間の言葉を理解するようになる――。当たり前のことのようですが、実は、そうではありません。**人間が人間らしく成長を遂げるには、それぞれの能力の臨界期までに人間社会のなかで生活することが絶対条件**であって、幼子のうちに捨てられたり、監禁されたりして人間社会から隔離された環境で育つと、のちに保護され再教育されたとしても、もう人間らしさを取り戻すことはできません。

古い例では、1797年にフランスで発見・保護された野生児ビクトールがそうでした。保護当時11〜12歳だった彼は、人間らしさを完全に失っていたうえ、視覚・嗅覚《きゅうかく》などの五感も未発達で、医師が5年間にわたって治療を試みたものの、エサをくれる人に少しなついたくらいで、ほとんど改善はみられなかったといいます。

野生児で最も有名なのは、狼に育てられた少女アマラとカマラでしょう。作り話ともいわれてはいますが、発見当初、推定2歳だったアマラはすぐに死んだものの、推定8歳だったカマラは18歳まで生きたとされています。けれども、いくら教育しても言葉はほとんど覚えられず、昼は寝て夜はらんらんと目を輝かせ、遠吠えをし、急ぐときは四つ足になるなど、人間的な生活は営めなかったといわれています。

統合失調症の親に監禁されて育ったアメリカ人女性、ジーニーさんも広い意味での野生児に該当するでしょう。1957年生まれの彼女は13歳で保護されるまで、暗い部屋で拘束された状態で放置されていました。食事は1日1回で、親との会話は一切なく、五感をまったく刺激しない環境で育ったため、言葉は話せず人間らしい感情も一切ありませんでした。救出後はさまざまな分野の専門家によって治療が試みられましたが、2語文を話すのがやっとで、顔つきなどにもほとんど人間らしさが認められないという話です。

「9歳」という臨界期までの学習がいかに大切か、おわかりいただけたのではないでしょうか。

「脳の器」の臨界期はなぜ9歳なのか？

子育てをしていると、子どもは頭も身体もどんどん大きくなっていくような錯覚を覚えます。けれども実際は、頭と身体の成長はアンバランスで、人間の場合は先に頭が成長し、身体はあとからついてきます。

「スキャモンの発達曲線」によれば、人間の子どもの成長は「一般型」「リンパ型」「神経型」「生殖型」の4カテゴリに分けられます。このうち一般型とは身長、体重、臓器の発育のことで、多少の凹凸はあるものの、生まれてから同じようなペースで成長し、18歳くらいでほぼ100％に達します。**ところが脳や感覚器の「神経型」は、生まれてから急速に発達し、9歳でほぼ大人と同じになります。**つまり人間の脳は、身体の成長に先駆けて、9歳で早くも完成するのです。

なぜ人間は脳ばかりが先に大きくなるのか？

それは、狩猟生活を生き抜くためだったと考えられます。

スキャモンの発達曲線

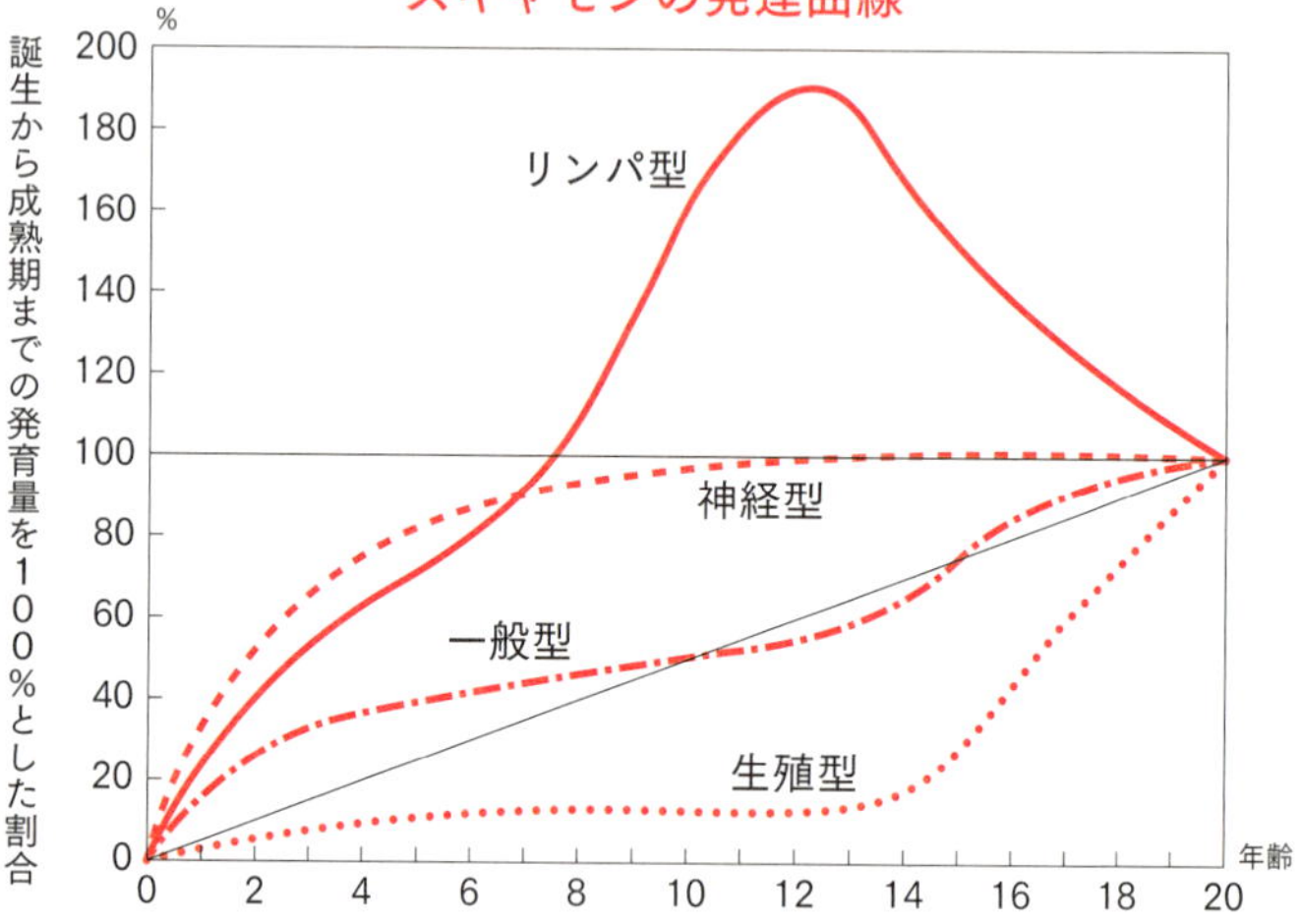

鋭い牙《きば》も爪《つめ》も持たない人間がなぜ生き延びることができたかといえば、言葉を使って仲間とイメージを共有して狩りをすることができたからでしょう。

「俺はこっち側から獲物を追いかけるから、お前はあっち側で落とし穴に誘導してくれ」

そんな高度なコミュニケーションができたことが、ホモサピエンスの最大の武器だったのです。ネアンデルタール人は、フィジカルはホモサピエンスよりも強かったけれど、協力するための言葉を交わすことができなかった、あるいは共同作

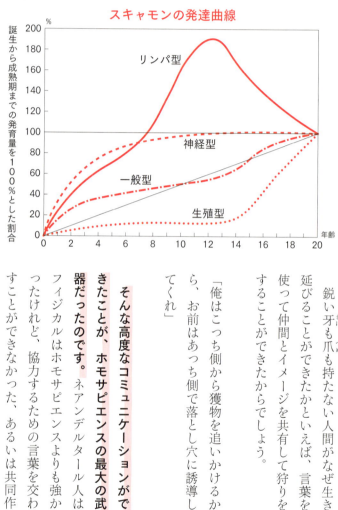

業ができなかったために滅んでしまったといわれています。

いずれにしても、ヒトが狩猟生活を営んでいた時代は、子どもでも10歳くらいになればもう大人と一緒に狩りに出掛けていました。そのとき一人前の狩猟者として仲間とコミュニケーションを取れるように、脳を先に完成させる必要があったのです。このように脳だけが先に発達するというのは、ほかの動物には見られない人間ならではの特徴です。

臨界期までの学習とは、**「脳が学びたがっている学習」**といえます。

脳が学びたがっているときに学習するからこそ、少ない時間で最大の学習効果が得られるのです。

なお、9歳が臨界期というのは「脳の器」の話であって、原始的な能力については、臨界期がより早くおとずれます。

たとえばモノを見る力の臨界期は5歳までといわれています。何かの理由で赤ちゃんのときから片目に眼帯をして育った子どもは、5歳を過ぎて眼帯を取っても、もう両目でものを見ることはできません。神経が固まってしまっているからです。このように能力によって臨界期に違いが出てくるのは、人間の脳が「古い脳」から「新しい脳」へと発達するからだと考えられます。

まずは「やっていい学習」と「やってはいけない学習」を覚えなさい

ここまでの説明で、子どもの年齢によって「やっていい学習」と「やってはいけない学習」があることはご理解いただけたと思います。次に、その具体的な内容をみていきましょう。

まず2～3歳までは古い脳が成長する時期ですから、難しいことを勉強させるよりも、**脳を育てる3要素――食事、睡眠、運動**をしっかりとやらせることが大切になります。

新しい脳が育ち始める3歳以降、つまり幼稚園に入るくらいの年になったら、脳が期待する学習をスタートしましょう。新しい脳は、臨界期を迎える9歳までの間に、とにかく脳の器を大きくしたいと願っています。そのためには、次のような体験を積ませることが効果的です。

○親が「暑いね」「寒いね」といった感想を口に出す（言語の器を大きくする）
○日曜日のランチの盛り付けを手伝ってもらう（論理数学の器を大きくする）
○NHKの幼児番組を観る（音楽の器を大きくする）
○折り紙で作品をつくる（絵画の器を大きくする）
○スプーンではなくお箸でご飯を食べる（身体の器を大きくする）
○簡単なマジック（手品）を見せる（空間の器を大きくする）

これらはいずれも9歳の臨界期までに家庭で取り入れたい習慣であって、10歳以降に行っても脳への効果は見込めません。

なお、ここに挙げた「やるべきこと」が脳にいい理由や、これらを行うときのコツや注意点などは第3章で詳しくご説明します。

次に、9歳までにやらせるべきでないのは次のような体験です。

×プログラミングを学ぶ

×トレード体験などのお金教育を行う

×特定のスポーツを習って毎日練習する

これらはすべて、新しい脳からも古い脳からも期待されていない体験です。なぜかといえば、そもそも「新しい脳」といってもそれは数百年レベルで構築されてきたわけではなく、数百万年かけて形づくられ、数十万年前に構築されました。遺伝子はそんなに簡単に変化しません。私たちは狩猟時代の脳のままで、ハイテクな現代社会のなかを生きざるを得ないのです。

一方、プログラミングや貨幣経済はごく最近になって生まれたものなので、脳からすれば新参者であって違和感がある。脳には、プログラミングや貨幣について学びたいという欲求はすり込まれていないのです。

言い換えれば、脳にすり込まれていないからこそ、プログラミングや貨幣に関する学習には臨界期がありません。臨界期がないということは、小さい頃（「つ」がつくまでの年）にどれだけ伸ばそうと思っても、特別な効果は何も期待できないということです。

その代わりに9歳まででも、10歳以降でも、いつでも習得できます。**ほかにやるべきことが山積している幼少期に、わざわざ時間を割いてそれをやる必要はありません。**

3歳までは「読み書き・そろばん」をさせてはいけない

実は「読み書き・そろばん」も脳が期待している学習ではありません。言葉でのコミュニケーションや数の概念は大昔からありましたが、それを文字で記録したり計算したりするようになったのは人類史としては比較的最近のことなので、脳にすり込まれていないのです。

ですから「読み書き・そろばん」はプログラミングと同じように臨界期がなく、何

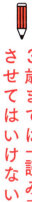

歳になっても覚えることができます。とはいえ、プログラミングとは違って文字や算数は現代社会を生きるうえで必須のスキルですから、覚えないわけにはいきません。幼児だって、好きな絵本を読んだりするために字を覚えたいと思います。家庭で教えなかったとしても幼稚園や小学校では教えますから、5歳くらいになればどうしたって「読み書き・そろばん」とつき合うことになります。

ですから、臨界期が終わるまで文字や算数を教えるなとは言いません。しかし、せめて3歳までは待ってほしいのです。

1～2歳のうちから「読み書き・そろばん」を教えるような塾もありますが、いいとは思えません。幼児期は何をやらせてもぐんぐん吸収するので、教えればできるようになるでしょうが、1～2歳で字が読めたからといって何になるというのでしょうか。それよりは、食事・睡眠・運動の習慣をしっかりとつけるほうが圧倒的に大切だし、絵本だって、自分で読むよりはお母さんに読み聞かせてもらったほうがはるかにうれしい時期ではないでしょうか。

世の中には赤ちゃん向けの知育玩具がたくさん出回っているので、「そろそろうちの子もひらがなを覚えさせなきゃいけないかしら……」などと思ってしまうかもしれませんが、流されなくても大丈夫です。子どもはなんでも吸収するので、知育玩具を使えばたしかに効果はあらわれるでしょうが、それでうれしいのは親だけです。親がうれしいことと、子どもの脳にいいかどうかはまったく別問題です。

幼少期の「先取り学習」は子どもの可能性を刈り取る愚行

脳は正直だから、脳が学びたいと期待する環境以外の学習はほしがらない――。それを裏づける研究結果があります。

発達心理学を専門とする内田伸子名誉教授（お茶の水女子大学）が行った調査によると、3〜4歳で文字の読み書きを習得している子としていない子の差は、小学校入学後に急速に縮まり、小学1年生の9月には差がなくなってしまうとのことです。また、幼児心理学者の黒田実郎《じつお》先生も、漢字の早期教育を受けた子と受けなかった子の差は小学2年生で消滅するばかりか、**早期教育を受けた子は国語嫌いになる確率が高**

いということを指摘しています（『ＡＥＲＡ』２０１０年4月26日号「早期教育効果は小学校で消える」より）。

せっかく遊ぶ時間を削ってまで読み書きを覚えたのに、その効果はせいぜい数か月から2年程しか続かず、かえって国語嫌いになってしまう子も多いというのです。だとすれば、子どもたちが勉強に費やした時間はなんだったのでしょうか。もしその時間を使って楽しい自然遊びなどを行っていたら、子どもはもっと才能豊かに育ったのではないでしょうか。

子どもの時間だけではありません。

そのためにお金をかけたり、本当はひと息ついて休みたかった時間や趣味に興じたかった時間を削ったりして子どもの勉強に向き合っていたのであれば、親の負担も相当のものでしょう。

読み書きのように臨界期がない学習は、脳が期待していない環境であるため、子どもにとってはストレスフルな作業です。幼児期特有の柔軟さで、教えればなんでも吸収してくれるとはいえ、それに気をよくしてどんどん脳が期待しない体験をさせるのは、親のエゴだと自覚しなければなりません。「先んずれば人を制す」という故事は、幼児教育には当てはまらないのです。

なお、先の内田名誉教授は「幼児期には五感を使って親子で体験を共有することが大切。親子のコミュニケーションや会話のやりとりを通じて、子ども自身が考えて判断し、親子の絆《きずな》が深まっていくなかで子どもの語彙《ごい》力は豊かになる」とも述べています。私もまったくそのとおりだと思います。

なぜ伊達公子は「最高の活躍」も「最高の復活」もできたのか?

小さいうちから運動をさせるのは脳の発達にもよいことですが、特定のスポーツばかり集中的にやらせることは、脳が期待している環境とはいえません。そのことを私に教えてくれたのは、日本テニス協会常務理事で、伊達公子さんをはじめとする数々のトップアスリートを育てたテニス指導者、小浦猛志先生です。

身体の発達を表すゴールデンサークル

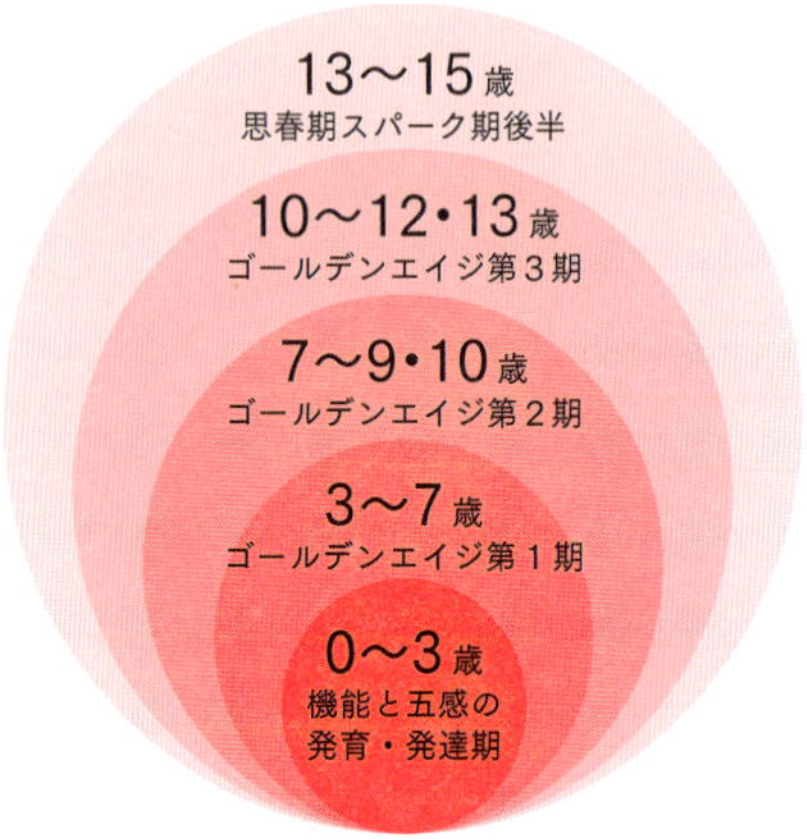

小浦先生と対談した際にお聞きしたのですが、**幼児にテニスだけを教えると、うまくはなるけれど14歳で伸び悩みが出てくる。その原因はほとんどの場合、基礎的な身体機能が欠けているからだといいます。**

では、10代からプロのテニスプレーヤーとして活躍し、37歳で現役復帰してからもすばらしい成果を挙げた伊達公子さんのように、末永く活躍できる身体をつくるにはどうすればいいのか――。

小浦先生によると、まず0〜3歳までは一生使う身体の機能や五感が発達する時期なので、特定のスポーツをさせるのではなく、身体の使い方を覚えさせる。

そして3〜7歳のゴールデンエイジ第1期および7〜9・10歳のゴールデンエイジ第2期で、ゼネラルコーディネーション（基本運動）といわれる、肩甲骨の可動域や骨盤の使い方など、身体をうまく動かすための機能性・基礎的な運動能力を培う。そのうえでスペシャルコーディネーションという、テニスや野球など特化したスポーツに入っていくのが望ましいそうです。

ゴールデンエイジ第2期といわれる9歳くらいまでは、一つの競技だけに特化せず、人間の身体を動かす機能の強化に力を入れたほうがよい。**学力もスポーツも9歳に分岐点があり、それまでは特化型ではなく幅広く学ぶことが大事というわけです。**

「自由にのびのび」も「詰め込み教育」も、同じ結果を招く

幼児に読み書きを教えるといったたぐいの詰め込み教育には否定的な私ですが、だ

からといって、幼児のうちはまったく学習させなくてもいいとは思っていません。

今から25年くらい前でしょうか、全国の保育園・幼稚園で〝自由にのびのび自然保育〟が流行《はや》ったことがありました。今でもあります。年中はだしで過ごすとか、真冬に乾布摩擦をやるとか、根拠がよくわからない懐古的な生活習慣を取り入れつつ、学習や遊びについては子どもの意思を尊重して、やりたいことだけをやらせるという方針です。

詰め込み教育にくらべると、一見、子どもにとって望ましい環境のように思えるかもしれません。**しかし私は〝自由にのびのび自然保育〟は間違いだと考えています。**

というのも、小学校教育の現場では10年ほど前から**「小1プロブレム」**が問題視されるようになっているのですが、それを引き起こした要因の一つが〝自由にのびのび自然保育〟だといわれているのです。

小1プロブレムとは、小学校に入学したばかりの1年生が、授業中じっと座っていられずに動き回ったり、集団生活に馴染《なじ》めなかったりする現象で、東京都では5校に1校が小1プロブレムで学級崩壊になっています（2011年の東京都教育委員会の調査より）。

その原因は、家庭での躾《しつけ》が十分ではなく、自制心が育っていない子どもが増えたせいだといわれることが多いのですが、保育園・幼稚園の責任もゼロではないでしょう。躾は各家庭の責任とはいえ、せっかく家庭で厳しく教えても、幼稚園が「自由にのびのびでいいよ」では意味がありません。自由にのびのびは、言葉は美しいけれど、なかなか無責任な育て方ともいえます。

そもそも3〜9歳の幼児というのは、猛烈にものごとを学びたがる時期です。脳の器を大きくする時期なのだから、当然といえば当然です。そんな大事な時期に「自由にのびのびやればいいよ」と言って教育を放棄するのは、**脳の欲求に反することであって、子どものためどころか、子どもにとってかわいそうなことなのです。**

かといって、3〜9歳のうちから座学で詰め込み教育を行っても、それは脳が期待する環境ではないため効果は見込めません。自由にのびのびも詰め込み教育も、結局どちらも身にならないのです。

では、どうすればいいのか？

座学ではない、五感を使った**「体験」**を通じて学ばせる。それがもっとも脳が求める環境に適した幼児教育のあり方です。

どんな親でも、「一流の子ども」を育てられる

9歳の臨界期までは、さまざまな「体験」を通じて脳の器を大きくすることができます。ただし、どんなに理想的な体験を積ませたとしても、全員が「超一流」になれるとは限りません。

なぜなら脳の器は遺伝するからです。脳の器の大きさは、遺伝半分、その後の努力半分で決まります。アスリートの子どもに運動が得意な子が多く、小説家の子どもが小説家になったりするのは、環境や教育もありますが、親から器の大きさを受け継いだからでもあるのです。

しかし、忘れないでほしいのは、半分は遺伝で決まるけれど、残りの半分は努力でどうにでもなるということです。9歳までなら、親からもらった器がお猪口だった人

はお茶碗サイズに、お茶碗だった人はどんぶりサイズにまで器を広げることができる。世界的なアスリートやアーティストのような「超一流」になることは無理でも、その一歩手前の「一流」くらいまでならどんな子でも手が届くのです。

ところが現実には、一流にもなれない人があふれています。遺伝50、努力50のうち、努力をほとんどしてこなかった、あるいは努力の方向を間違えてしまったがために、9歳までに脳の器を伸ばせなかったことが原因です。本当ならどんぶりサイズにまで器を大きくできたかもしれないのに、お茶碗サイズのまま臨界期を迎えてしまうなんて、なんとももったいない話だと思いませんか？

あなたの子どもも、あなたがた両親から器を受け継いでいます。もしも両親ともに音痴なら、音楽の器は決して大きくはないでしょう。しかし（このあと第3章で述べるような方法で）音楽的知能を刺激する体験を積めば、必ず人並みの音楽センスは持てるようになります。ですから「私たちの子に音楽は無理」などと決めつけず、幅広い体験を積ませてあげてほしいと思います。

幼児教育こそお金と時間をかける価値がある

ペリー・プレスクール研究という、幼児教育界でとてもよく知られた研究があります。アメリカの心理学者ワイカートらの研究グループが1962年から1967年にかけて実施した就学前教育に関する研究で、現在でも被験者の追跡調査が行われているという驚くほど壮大なプロジェクトです。

この研究では、スラム街で暮らしていた、教育など受けるべくもない3〜4歳の子どもたちを集め、少人数で丁寧な教育を行いました。そして、教育を受けなかった同じような層の人々と比較し、被験者がどんな人生を歩んだかを調査しました。

結果はといえば、幼児教育を受けた人は、受けなかった人にくらべて学校を中退・留年する率が低く、犯罪や麻薬におぼれる人も少なく、大学進学率や就職率が高いという、すばらしいものでした。そしてまた、プロジェクトには多額のお金がかかったものの、**最終的には投資した1ドルにつき年間6〜10%もの利益を生み出し、十分に**

〝元が取れた〟といいます。

これは仮に100円の投資をした場合、年間10%の利益と考えると10年後に約250円、25年後に約1000円、45年後に約7200円の利益になって返ってくる、ということです。

この研究結果は、幼児教育がいかにコストパフォーマンスに優れているかを物語っています。

教育資金というと大学がまっさきに思い浮かぶかもしれませんが、**実はお金をかけるべきは幼児期**なのです。といっても、べつにリリーベールのような私立小学校に入れなさいと言いたいわけではありません。幼児教育に何よりも必要なのは「体験」です。家族でキャンプに行ったり、劇やミュージカルを鑑賞したり、さまざまな世界を疑似体験できる図鑑や全集を買い揃《そろ》えたり……。

そうした体験型教育への投資は、子どもの将来に9倍ものリターンをもたらす、そう考えたらやらない手はないでしょう。

「小学校の通知表」を重視する、とある私立大医学部の話

リリーベールには附属の中学・高校がなく小学校どまりなので、卒業生たちがその後どんな進路を選んだのか、正確に把握できているわけではありません。「幼小一貫教育」の成果を検証するためにも、詳しい追跡調査ができればいいのですが、われわれは教育者であって研究者ではないため、情報収集には限界があります。

しかしありがたいことに、リリーベール小学校の卒業生は、こちらから探さなくても向こうから訪ねてきてくれるのです。とくに12月のクリスマス・アッセンブリー（演劇祭）の日は多くの卒業生が観劇におとずれ、再会を喜び合います。リリーベールは卒業生との絆が強い学校なのです。

先日も、ひとりの卒業生が「筑波大学医学部に合格しました」と報告に来てくれました。そのとき彼が教えてくれたのですが、**すべり止めに受けた某私立医大では、最**

終試験が「小学校の通知表」をもとにした面接だったそうです。なぜなら高校の通知表は、内申をよくするために、生徒会を1回やっただけでも「生徒会活動に熱心に取り組んだ」などと〝盛って〟いるから参考にならない。受験生のありのままの人間性を見るには、「小学校の通知表」が一番いいというわけです。

なかなかおもしろいところに目をつける大学だなと思いました。

たしかに小学校の通知表は〝盛る〟ことはないし、小学生は人間の根本がつくられる時期でもあります。その私立医大の試験官は、小学校時代に培われた能力や性格こそがすべての土台であることをよくご存じなのでしょう。

「幼稚園」と「小学校」で別々の学習をさせると成長は停止する

子どもは幼稚園・保育園から小学校にあがったからといって、いきなり大人になるわけではありません。それなのに、幼稚園と小学校とではあまりにも雰囲気が違います。プロローグでも述べたように、幼稚園はワクワクがいっぱいのカラー映画なのに、小学校に入ったとたんに座学中心のモノクロ映画になってしまう——。そのギャップについていけず混乱を起こす子がいることも、「小1プロブレム」の原因の一つといえるでしょう。

リリーベールではそうした問題はまず起きません。

落ち着きがない子がいても、先生の指導ですぐにちゃんとできるようになります。それはリリーベールが幼小一貫校で、小学校教員の8割が幼稚園教諭を経験しているからです。いくら小学生とはいっても**「つ」がつく年、**つまり9つまでは「幼児」であるという認識のもと、いい意味で子ども扱いしているから、子どもは幼稚園とのギャップを感じずに済むのです。

一般的な幼稚園・小学校では、幼小の連携はほとんどありません。だからこそギャップを埋めるためには、ご家庭でのフォローが大切になります。

保護者の方は、子どもが小学校にあがったからといって接し方を極端に変えないようにしてください。小学校に入ったとたん座学中心になってしまうのは仕方がないとして、お母さんまでいっしょになってドリルをやらせたり、塾に通わせたりする必要はありません。幼稚園児だろうが小学生だろうが、9歳までは、これまでどおり「体験」を通じて脳の器を大きくしていく。そのことに変わりはないのですから。

9歳までに「器」を大きくすれば、人生は圧倒的に楽になる

もう50年近く昔の話になりますが、高校の同級生にI君という男がいました。私たちは茨城県で一番の進学校に通っていたものの、2人ともお世辞にも学業熱心とはいえず、授業をさぼって雀荘《じゃんそう》に入り浸ったり、ジャズ喫茶で哲学を語り合ったりと、当時の〝不良学生〟を地で行く高校時代を過ごしていました。

ところが、そんな毎日を送っていたにもかかわらずI君の成績はつねにトップクラスでした。秘訣《ひけつ》を聞いたところ、授業は一度聞いたらすべて理解できるから、特別な勉強などする必要がないというのです。それが嘘《うそ》でない証拠に、何度か遊びにいった

彼の部屋は、趣味でやっていたドラムの機材やミュージシャンのポスターであふれていて、参考書などはほとんど見当たりませんでした。
そしてI君は結局、ほとんど勉強らしい勉強をしないまま東大にストレートで合格しました。

かたや私の成績は、サボればサボるだけ下がっていきました。かろうじて都内の私立大学に進学できたものの、同級生の中では断トツで落ちこぼれだったと思います。
同じように自堕落な高校生活を送っていたにもかかわらず、私とI君はどこで差がついたのか？

実は、それこそが9歳までの育脳教育の差だったのではないかと思います。

I君と出会ったのは高校1年生のときなので、彼がどんな幼少時代を過ごしたのか、つぶさに知っているわけではありません。しかし漏れ聞いたところによれば、勉強一色ではなく、スポーツや音楽などを幅広くたしなんでいたといいます。それはまさに

「脳の器」を大きくするための理想的な環境です。

一方の私の幼少期は、それほど恵まれてはいませんでした。母・大久保久子はリリー文化学園の創立者であり、教育者としては優れた人物でしたが家庭人としてのスキルは乏しく、子どもと関わる時間も多くはありませんでした。

この違いが、高校時代になって2人の〝要領の良さ〟の違いにつながったのでしょう。

I君は、小さいうち——具体的には9歳の臨界期までに、多彩な体験を通して脳の器をめいっぱい広げていた。だからその後の人生は、ほんの少しの努力で器にたっぷりご飯（学力）を盛ることができた。

一方の私は、9歳までの体験が乏しかったため器が育ち切らず、ご飯を盛るのに多少苦労した——。そういうことなのだと思います。

ただ、I君がその後もずっと幸せな人生を歩んだかどうかは定かではありません。

幸せな人生を歩むためには、大きく分けて二つのステップが必要になります。

ステップ①……9歳までに脳の器をできるだけ大きくする
ステップ②……その器にご飯を盛っていく

このご飯を盛る力のことを、私は**「人間性知能」**と呼んでいます。

詳しくは第4章で説明しますが、人間性知能は、器にご飯を盛る（学力をつける）だけではなく、努力を継続したり、課題を見つけて解決したり、他者と円滑な人間関係を築いたりするうえでも必要になる力です。

ですから、子どもの将来における成功や幸せまで含めて考えるなら、この人間性知能は脳の器と同様に重要な知能といえます。

ただ、人間性知能は脳の器とは違って9歳以降でも伸ばすことができる。だから「9歳までの幼児教育ではまず器を大きくすることに力を注ぎましょう」と、くり返し強調しているのです。

実は、I君は人間性知能には乏しいタイプでした。9歳までの育脳教育で大きな器を手に入れていたので、大学受験までは苦労なく進めたものの、その後はどんな人生を歩んだのか……。

要領がよすぎる人は、才能におぼれるということがあります。同窓会に一度も顔を出さないところをみると、もしかしたらI君にもそんなことがあったのかもしれないなと、ときどき思い出しては彼の今を案じています。

第2章

脳の「発育プログラム」に沿った能力はこれだ！

今から「6つの多重知能」を教えます！

第1章では、9歳の臨界期までに「脳の器」を大きくすることで、最大の学習効果が得られることを述べてきました。ここからは、その「脳の器」の正体と、効率的な育て方をより具体的に説明していきます。

私が「脳の器」と呼んでいるのは、認知心理学の世界では**「多重知能（または多重知性）」**と呼ばれるものです。1980年代にハーバード大学のハワード・ガードナー教授が提唱し、日本では澤口俊之氏の著書などを通じて知られるようになりました。

多重知能の分類には諸説ありますが、現代日本の幼児教育に応用することを考えるならば、

「言語的知能」
「論理数学的知能」

「音楽的知能」
「絵画的知能」
「空間的知能」
「身体的知能」

この6つに分類するのが適当でしょう。
言い換えれば、人は「言語の器」「論理数学の器」「音楽の器」「絵画の器」「空間の器」「身体の器」の**「6つの器」**を持っていて、9歳の臨界期までならば、その器すべてを大きくすることができるのです。

では、6つの器（知能）はいつ、何をすれば伸びるのでしょうか？

「いつ」については、第1章で詳しく述べたとおり「9歳まで」となります。ヒトの能力の中には、臨界期がない（いつでも伸ばせる）能力や、視力のように9歳よりも前に臨界期がおとずれる能力もありますが、多重知能（6つの器）については、すべて9歳が臨界期と考えて構いません。

「何をすれば」についても、すでに何度か触れてきました。**座学ではなく「体験」をさせるのです。**多重知能（**6つの器**）は、五感を使ったさまざまな体験によって伸びていきます。

それにしても、「6つの器」となる多重知能は不思議なほど小学校の科目とリンクします。

言語的知能＝国語
論理数学的知能＝算数
音楽的知能＝音楽
絵画的知能＝図工
空間的知能＝算数や体育
身体的知能＝体育

昔の人は経験的に、この「6つの器」を大きくすることの大切さを理解していたのでしょう。

「言語的知能」と「論理数学的知能」だけでは賢い子は育たない

6つの多重知能は完全に独立して存在するのではなく、その名のとおり「多重」し、相互に影響を及ぼします。だから「うちの子は音楽家にするつもりはないから、音楽的知能は必要ない」というわけにはいきません。音楽的知能が低い子は、不思議とその他の能力も伸びにくい。**ノーベル賞学者のほとんどが芸術の趣味を持っていることからもわかるように、結局すべてを伸ばさなければ一流にはなれないのです。**

日本の教育界では、これまで長きにわたって6つの知能のうち「言語的知能」と「論理数学的知能」だけを偏重してきました。理由は簡単、大学受験の科目には国語・数学はあるけれど、美大・音大・体育大を除き、音楽・図工・体育は通常、受験科目にないからです。いい大学に入っていい会社に入るためには、この二つだけ伸ばせばいいと考えられてきたのです。

しかし、それでは本当に優秀な子は育たないことがだんだんとわかってきました。

加えて、今は多様性の時代です。国語と算数ができる子だけではなく、絵がじょうずな子、歌がうまい子、スポーツが得意な子など、いろんな個性を認め、伸ばしていきましょうという雰囲気がやっとできてきました。数十年前の詰め込み教育の時代にくらべれば、日本社会も多少は成熟してきたということでしょう。

もっとも、言語的知能と論理数学的知能だけ鍛えても意味がないことは、欧米先進国ではずっと以前からの常識でした。イギリスのパブリックスクール（良家の子女が通うエリート校）でもアメリカのボーディングスクール（全寮制の名門寄宿学校）でも、勉強だけをやらせることは絶対にありません。

スポーツで何か一つ、芸術でも何か一つ、なんでもいいから得意といえるものを持って、そのうえで勉強を頑張りましょうという教育方針をとっています。相互に影響をおよぼし合う多重知能の仕組みを、経験的に知っているからです。

MBA持ちのエリートが陳腐な商品を作ってしまうのはなぜか？

先に述べたように、日本では長い間、言語的知能と論理数学的知能にかたよった教育を行ってきました。「それでも日本は世界有数の経済大国になれたのだから、今までと同じやり方でいいじゃないか」と考える人もいるかもしれません。

たしかに、今まではなんとかなっていました。なぜかといえば、今までの社会は**「課題解決型」**の社会だったからです。

すでにある課題に対してどうすればいいかを考え、解決策を提示する。より安く、よりコンパクトにモノを作るためのアイデアを出す。それは日本人が得意とするところですが、既存の価値観をくつがえすような次元の違うモノやサービスを生み出していくためには、それだけでは足りません。

これからは、すでにある課題に対処するのではなく、潜在的な課題を見つけて解決策を考える**「課題発見力」**が問われる時代になります。この力がなければ、ｉＰｈｏ neやFacebookのようなモノやサービスを創出することはできません。

目の前にまだない課題を発見するためには、豊かな感性が必要になります。これは言語的知能と論理数学的知能だけではなく、「6つの器」すべてを伸ばすことで培われるものです。

少し前にMBA（経営学修士）の資格取得がブームになりましたが、MBA保有者が集まって画期的な商品を開発できるかといえば、まず無理でしょう。なぜならMBAというのはマーケティングや財務といった論理数学的知能を問う資格です。多重知能のうち論理数学的知能に特化して勉強をしてきた人が集まっても、生産性や効率性にしか目が向かないから、驚くようなアイデアは出てきません。ITの世界にアートを取り入れたアップル社のようなイノベーションは起こせないのです。

人々がまだ気づいていない潜在的なニーズを発見する力は、これからの時代に最も求められる能力です。起業家や経営者はもちろんのこと、一般の会社員でも、この力がなければ生き残れなくなっていくでしょう。近い将来、何大学を出たかよりも、どれだけ課題発見力があるかが問われる時代が必ずやってきます。

そんな時代を勝ち抜くためにも、6つの多重知能をまんべんなく伸ばし、感性に磨きをかけることが大事なのです。

最難関試験「東大の推薦合格」を勝ち取った生徒が実践していた2つの習慣

東京大学は2016年度入試から学校推薦制によるアドミッション・オフィス（AO）選抜制を導入しました。一般入試よりもはるかに難しく、日本国内で最難関といわれるこの試験に、**リリーベール小学校の卒業生であるSさんが合格した**といううれしいお知らせが届きました。

Sさんが卒業したのはもう10年以上前のことですが、先生方はみんな彼女のことを覚えていました。勉強ができたからではありません。たしかに彼女は成績優秀でしたが、それ以上に、クリエイティブな個性が光る子どもだったからです。

Sさんは小学生のころからたいへんな読書家で、図書館に通ってはファンタジー作品などを次々と読破し、「お話づくり」の宿題ではすばらしい作品を発表して先生を驚かせました。

数ある学校行事のなかでも、彼女がとくに熱心に取り組んだのは毎年12月の**クリスマス・アッセンブリー（演劇祭）**でした。実は、Sさんは1年生のころから大人びてクールな性格だったのですが、演劇にハマってからは内に秘めた情熱を表現できるようになり、いきいきとした姿を見せてくれるようになりました。

読書や演劇への情熱は小学校卒業後も消えるどころかどんどん高まり、中学生になると、映画を字幕なしで見るためにと英語を猛勉強したそうです。さらに高校では演劇部に入部し、高校2年生のときに書き上げた脚本は、関東高等学校演劇研究大会で優秀賞を受賞しました。彼女が東大の推薦合格を勝ち取ることができたのは、英語力と演劇関係の実績が評価された結果だということです。

そして、これは雑誌『プレジデントＦａｍｉｌｙ』が彼女を特集した記事「言われなくても動く子に育った家の秘密」を読んで知ったことなのですが、Sさんのご家庭では、二つのすばらしい習慣を持っていたそうです。

一つは、アウトドアの趣味です。

Sさんのご家族はみんなアウトドア好きで、小さなころから登山やカヌーなどに積極的に出かけていたといいます。

もう一つは、家族で手作りのバースデーカードを贈り合う習慣です。

雑誌には実際のカードの写真も掲載されていましたが、手書きのイラストや飛び出す仕掛けなどいろいろな工夫が盛り込まれた、とてもクリエイティブな作品でした。

その反面、ゲームや携帯電話などは高校を卒業するまで禁止だったそうです。

つまりSさんは、幼児期からバーチャルな世界に染まることなく、まさに五感を使った多彩な体験をたっぷり積み、6つの多重知能をまんべんなく伸ばしていたのです。

彼女は、言語的知能や論理数学的知能だけではなく、身体的知能や絵画的知能を磨くことの大切さをあらためて教えてくれました。

社会生活のベースとなるのは「言語的知能」と「論理数学的知能」

ここからは、「6つの器」のベースとなる知能のそれぞれについて詳しく説明していきます。まずは、比較的なじみが深いであろう**「言語的知能」**と**「論理数学的知能」**から見ていきましょう。先に私は、この二つの知能に偏りすぎてはいけないと申しましたが、もちろんおろそかにしていいわけでもなく、この二つは、受験はもとより日常的な社会生活を送るうえでも不可欠な知能です。

「言語的知能」は、文字どおり言語に関する知能で、この器が大きいほど、言葉をあやつることがじょうずになります。言葉を聞いて理解し、記憶し、話をし、言葉を使って考えるわけなので、将来的に読み書きができるようになってからは、その能力にも影響します。日本語だけではなく、**外国語の習得**にも深く関わる知能です。

言語的知能は、人間が狩猟生活を送っていた太古の時代、**仲間とコミュニケーションを取るため**に急速に発達したと考えられます。「獲物はあっちへ行ったぞ」「落とし穴に追い込むために、こっちのルートから追いつめよう」。そんな複雑な相談や指令を行うためには、言語的知能の発達が不可欠だったからです。

論理数学的知能のルーツも狩猟時代、**仲間と分け前を公平に分けるため**に発達したといわれています。

ある研究によると、チンパンジーにも所有や公平という概念があり、別の個体が自分よりも大きなエサをもらうと怒ったりするそうです。人間はそれに加えて論理数学的知能があったから、「木の実は3個ずつ」「肉はひと口ずつ」などと平等に配分し、平和なコミュニティを築くことができたのでしょう。

その論理数学的知能は、足す、引くといった数学的な概念を理解して操作する能力であり、この器が大きい人は、**計算や暗算が得意**になります。

「身体的知能」を伸ばすと、頭もどんどんよくなっていく

脳というと学力の部分をつかさどるイメージがあるかもしれませんが、実際は頭も身体もすべて脳によって統率されています。運動ができるかどうかも、フィジカルの強さだけで決まるのではありません。筋力などが同じ条件の人がいたら、**必ず脳の働きがいい人のほうがすぐれたアスリートになります。**

このように身体の動きをうまくコントロールするのが、6つの多重知能の一つである**「身体的知能」**です。この能力が高いほど、人が運動する様子を見てその原理を理解したり、記憶したりする能力が高くなり、スポーツの上達も早くなります。

身体的知能は、アスリートになるために不可欠な知能であると同時に、**頭のよさにも関わってくる知能**です。なぜなら幼少期は、脳の発達と身体の発達がてきめんに比例するからです。

知的に障がいがある幼児を四つん這いでハイハイさせると、だんだん左右どちらか

に傾いていってまっすぐ進むことができませんが、これは脳と身体の動きがリンクしているからです。

逆にいえば、身体をしっかりと動かせば脳も発達するということです。ただし、これは残念ながら大人には当てはまらない、臨界期前の子どもだけの特権です。大人では、スポーツはできても勉強はてんでダメという人がいくらでもいますが、子どもはそうではありません。小さいうちは、運動能力と学力の相関関係がきわめて高く、**スポーツができる子は勉強もできる。片方を伸ばせばもう片方も伸びていくからです。**

だからこそ、2園あるリリーベールの附属幼稚園のうちの1園（リリーの森幼稚園）ではスポーツ専門の先生を常駐させ、スポーツ教育に力を入れています。もちろん幼児期ですから特定のスポーツをやらせるのではなく、走力、跳力、握力、柔軟性、その他もろもろの要素をまんべんなく育てています。

毎年、園児をリリーベール小学校の運動会に招待し、年長さんと1年生がリレー対決をするのですが、リリーの森幼稚園の年長さんのなかには、1年生をはるかにしのぐすばらしい走りを見せる子もたくさんいて、大人たちを驚かせます。

「絵画的知能」がなければ、人の心をつかめない

「絵画的知能」とは、絵に描かれたものを理解・記憶し、絵画や図形を描くために必要な力です。

さほど実用的な能力ではないように思われるかもしれませんが、そんなことはありません。人間は大昔から、絵を描くことでイメージを共有してきました。高度な狩りができたのも、一つは言葉で連携が取れたおかげですが、それに加え、**作戦内容を絵で説明できた**ことも大きな要因だと考えられています。約2万年前にクロマニョン人が描いたラスコー洞窟の壁画に、ウマやシカやヒトが描かれていることからも、絵画的知能は狩りのイメージを共有するために発達したことがうかがえます。絵を描いて、観て、理解するというのは本能に根差した行為なのです。

絵画的能力は、現代でますますその重要性を増しています。**絵画的能力が高い人ほど、みずからのビジョンをビジュアルとして伝えることができるからです。**

『世界のエリートはなぜ「美意識」を鍛えるのか？』（光文社新書）の著者・山口周氏によると、20世紀最大のリーダーといわれたイギリスのウィンストン・チャーチル元首相は、史上もっともすぐれたアマチュア画家といわれるほどの腕前でしたし、圧倒的なカリスマ性で大衆を魅了したドイツのヒトラーも、もともとは画家志望の学生でした。

彼らが話す言葉は絵画的知能に裏打ちされていたから、聞き手はビジュアルで受け取ることができた。よきにつけあしきにつけ、ビジュアルを味方につけることで、彼らは大衆の心をつかむことに成功したのです。

そしてまた、絵画的知能は「美学」にも通じます。一流の経営者は、粉飾決算のような品の悪いことはせず、美しい経営をします。これは絵画的知能のなせるわざではないかと思います。ハーバード大学のMBAコースでアートが必須になっているのも、絵画などのアート作品から美しい行いや美しいふるまいを学ぶためでしょう。

同じ理由から、グーグル社は「Don't be evil（邪悪になるな）」という行動規範を掲げていました。世界中から情報が集まり、やろうと思えばなんでもできる会社だからこそ、みずからへの戒めとして「Don't be evil」という美学を掲げたのです。グーグルが生き残り、発展できたのは、進むべき方向に迷ったら美しいほうを選べという教えがあったからだと思います。

「音楽的知能」に優れた人は、語学にも長けている

「音楽的知能」は、音楽を理解・記憶して歌ったり、楽器を演奏したりするのに必要な知能です。歌や踊りはもっとも原始的なエンターテインメントですし、音を聞き分ける力はサバイバルにも必須です。もしも人間に音楽的知能がそなわっていなかったら、音で危険を察知できずに滅びていたかもしれません。

また、音楽的知能は言語的知能と関係が深く、**言語の習得にも一役買っている**ことがわかっています。

言語的知能の臨界期は9歳なので、ふつうに考えれば、大人になってから外国語を

習得するのはほぼ不可能です。ある調査によると、8歳までに海外へ移住した子どもはネイティブと同じように話せるようになるけれど、それ以降はどんなに努力してもネイティブレベルの発音にはならないそうです。私も仕事上の必要があって39歳から英語を猛勉強し、どうにか自分の専門分野についてなら会話ができるまでになりましたが、発音は平たんで完全に日本語英語ですし、聞き取れないことも多々あります。これが自分の限界だと思っています。

しかし、もし私が高度な音楽的知能を有していたら、もしかしたらもっと楽に、もっと正確に英語を話せるようになっていたかもしれません。なぜなら、英語には「ホワーイ？」「アイ、ドント、ノーウ！」というように旋律がある。その旋律を自然に使いこなすことができたら、私の英語はもっとネイティブに近くなるはずです。

こんなこともありました。

数年前、仕事で渡米し、現地で日本人留学生を通訳として雇ったときのことです。その学生通訳は、帰国子女でもなんでもないのに発音がネイティブのように流暢《りゅうちょう》で美しかった。どうしてそんなにじょうずなのか尋ねたら、少し考えたあと**「僕は小さ**

いころからピアノが得意だったので、それが関係しているのかもしれません」という答えが返ってきました。幼いころから培ってきた音楽的知能が、英語の習得を助けていたのです。

また、ロンドン大学・バタワース博士の研究によると、音痴の人は方向音痴だといいます。それはつまり音楽的知能と空間的知能も相関関係があるということです。

たしかに、もともと音階は空間として表現されるものであり、五線譜は上に行くほど音が高く、鍵盤は右に行くほど高音になります。このことからも、数学的知覚と、音楽的知覚はともに演奏運動に関与する空間表象を共有していると考えられるのです。

命に関わる「空間的知能」は、数学の能力を底上げする

「空間的知能」は、モノの位置関係を理解・記憶し、それに基づいて行動する知能です。

この能力はもともと道に迷わないために発達したといわれています。狩猟のため地図もなく山に入るときに東側から太陽の光が当たっていたら、帰りは西側に太陽を見て帰る——。こうした位置関係の理解を助けるのが空間的知能であって、これが欠如している人は危険な森から帰ることができず、なかには命を落とすケースもあったでしょう。

また、樹上生活を送っていた時代には、人は木の上から敵やエサを探していました。何がどの位置にあるかを把握するためにも、空間的知能は不可欠だったのです。

現代でも、目的地まで徒歩や車で移動するときなど、日常生活のさまざまな場面で空間的知能が必要になります。また、空間的知能は論理数学的知能とも関係が深く、「ある図形を180度回転させるとどのように見えるか?」といった問題を解くためには、論理数学的知能に加えて空間的知能も必須になります。

余談ですが、**臨死体験をした人の多くが「魂が身体から抜け出して、自分自身が横たわっている姿を見下ろしていた」というたぐいの話をするのも、実は空間的知能のなせるわざだと考えられます。**

臨死体験は、空間的知能をつかさどる側頭葉がしびれることによって起きる現象だといわれていますし、高いところから地上を俯瞰《ふかん》する視点は、明らかに人間が樹上生活をしていたころの名残です。

なお、臨死体験は側頭葉に電気を流すことで人為的に再現できるそうです。そのときもやはり、幽体離脱したかのように自分が寝ている姿が見えるのだといいます。もちろん魂が抜け出してそうなったわけではなく、空間的知能が樹上生活時代の記憶と結びついて、そうしたイマジネーションを引き起こしているわけです。

「五感を使った経験」をさせると、多重知能がぐんぐん伸びる

脳における「6つの器＝6つの多重知能」は、いずれも人間が生存するため、そして他者との競争に打ち勝つために発達した能力です。これらの能力が高ければ高いほど生存競争が有利になるのは、今も昔も変わりません。

では、6つの多重知能はどう伸ばせばいいのでしょうか？

なんとなく「言語的知能や論理数学的知能は座学で勉強して伸ばす」というイメージがあるかもしれませんが、これらの知能が発達してきた経緯を考えれば、それが間違いであることは明らかです。文字すらなかった時代の人々が、座学で多重知能を鍛えたはずはありません。人類は、いろいろなものを自分の目で見て、耳で聞いて、手で触って、鼻でかいで、舌でなめてというように、**五感をフルに使うことで多重知能を育んできたのです。**

現代人もそれに倣うのが道理でしょう。何百万年にもおよぶ脳の歴史のなかで、現代のように便利な時代になったのはごく最近のことなので、脳はまだこの環境に順応できていません。脳が求めるのは、もっとはるか以前の環境です。だから脳を育てる時期、つまり9歳の臨界期までは、大昔のように「五感を使った体験」をさせることが大事なのです。

とくに現代の子どもたちは五感を使った体験に飢えています。生まれたときからインターネットがあり、スマホがあり、ゲームがある。バーチャルな世界にどっぷりつかっていて、五感を使うことが減っています。

バーチャルな世界は先の先まで仕組まれているため、展開していけば何がどうなるかある程度読めてしまいます。そのなかでは好奇心や探求心は育ちにくいし、思いがけない発見にも巡り合えません。

だから親は、意識的に子どもに「体験の場」を与えなければなりません。外遊びなど、ひと昔前までは当たり前のようにできていたことでも、今の子どもは親が環境を用意しなければできなくなっているのです。

五感を使ってリンゴの絵を描いてみよう

「五感を使った体験」というと、何か特別なことをしなければいけないのかと思われるかもしれませんが、難しく考える必要はありません。海や山に出かけ、五感をフルに使って遊ぶといった体験ももちろんすばらしいけれど、家の中でできることだってたくさんあります。

たとえばリンゴの絵を描くということ。

「たったそれだけ？」と思われるかもしれません。**そう、たったのそれだけです。**このような日常的な遊びでも、やり方を少し工夫するだけで、子どもの五感をばっちり刺激することができます。

ちなみに、あなたは子どもにリンゴの絵を描かせるとき、どうやって描かせますか？

スケッチブックとクレヨンを渡して「ここにリンゴの絵を描いてみようね」と伝える――。ほとんどの人がそうではないでしょうか。

このとき、ほんの少し手をかけるだけで、リンゴの絵を描く遊びが「五感を使った体験」に変身します。

《ステップ1》

まずは、子どもにリンゴが出てくる絵本を読んであげましょう。リンゴは定番のモチーフですから、きっとあなたの家の本棚にも1～2冊はあるはずです。

《ステップ2》

読み終わったら、次に本物のリンゴを取り出して「ほら、リンゴちゃんだよ」と言って渡してあげます。子どもは喜んで受け取るでしょう。

「ほらほら、リンゴちゃんに触ってみて。色も教えてね。においもかいでみようか」そんなふうに水を向ければ、「リンゴちゃん、つるつる!」「まっかだね」「いいにおい」「下におへそがあるよ」などなど、いろんな感想が返ってくると思います。

《ステップ3》

そうしたら、リンゴをコンコンとノックして「リンゴちゃん、聞こえますか? 何かしゃべってみて!」と言って、子どもの耳にリンゴを当ててあげましょう。「リンゴはしゃべらないよ」という子もいますが、「本当だ、話してる!」という子もいます。こんなとき、幼児には本当にリンゴの声が聞こえることもあるようなのです。

《ステップ4》
リンゴでひととおり遊んだら、「今度はリンゴを切ってみよう」と言って果物ナイフで半分に切り、それをよく見せたあと、食べやすく切ってお皿に盛りつけます。「いいにおいだね」と言って甘ずっぱいにおいを堪能してもらったら、楊枝《ようじ》を刺して「さあどうぞ」と。

《ステップ5》
もぐもぐ食べ終わったら、ここで初めて画用紙とクレヨンを渡して「リンゴちゃんを絵に描いてみようか」と提案するのです。

さあ、子どもはどんな絵を描くでしょうか？

くぼみがあったり、ヘタがついていたり、半分に切ったものだったり……。**子どもの絵は、見違えるほどイキイキするはずです。**それは実際にリンゴを見て、触って、（リンゴの声を）聞いて、においをかいで、味わってと、まさに五感をフルに使ったことで絵画的知能が刺激され、リンゴの絵を描くことに対するモチベーションや感性が高まった結果です。

「どの力を伸ばすか」を意識することで、学習効果は倍増する

プロローグでも述べたように、リリーベール小学校および附属幼稚園では、運動会にキャンプに農村体験にと、多彩な体験活動を行っています。これが子どもたちの多重知能を伸ばし、ひいては偏差値の大幅な上昇につながっています。

学校行事そのものはどの学校でも行っているでしょうが、リリーベールでは「目的意識」の高さが違うと自負しています。行事のたびに、その活動をとおして6つの多重知能および人間性知能のうち何を重点的に伸ばすのか。それを明確に規定したうえで、詳細な行事計画を立てているのです。

たとえば、幼稚園の定番イベントである「お誕生会」――。これでどの知能が伸びると思いますか？

私たちはお誕生会を**「言語的知能」「音楽的知能」「絵画的知能」「空間的知能」**の4つの知能を伸ばす場だと規定しています。

言語的知能は、先生やお友達とのコミュニケーションをとおして培います。そのために、「はじめのあいさつ」や「誕生者の自己紹介（〇〇クラスの〇〇です）」などのプログラムを盛り込んでいます。音楽的知能は、ハッピーバースデーやケーキの歌をうたうことで伸ばします。絵画的知能および空間的知能は、折り紙でお花やチェーンをつくり、3次元空間であるお部屋をきれいに飾りつけることで育まれます。

また、学校行事の花形である運動会は、ふつうなら身体的知能を伸ばすイベントに位置づけられるのでしょうが、リリー幼稚園では6つの多重知能すべてを伸ばすことを目標にしています。だから単に身体を動かすだけではなく、挨拶《あいさつ》、音楽、歌、装飾、さらに玉入れのように数をかぞえる競技も意識的に取り入れています。

これらのイベントは子どもたちを楽しませることが一番の目的ではありますが、**楽**

しみながら五感を刺激し、多重知能を育む場でもあるのです。明確な目的意識を持つことは、家庭での育脳教育を成功させるうえでも重要なことです。誕生会などのイベントはもちろん、ふだんの遊びやお手伝い、家庭学習などの際も「この能力を伸ばすために行うのだ」と意識する。そうすると「この遊びにひと工夫くわえたら、○○知能だけではなく××知能も伸ばせそうだ」といったアイデアも生まれるようになり、体験の効果はさらに高まることでしょう。

得意・不得意を判断するのは、臨界期が終わってからでいい

本能をつかさどる「古い脳」はもちろんのこと、多重知能や人間性知能に関わる「新しい脳」も、座学より体験のほうをずっと好みます。だから「6つの器」も最大の学習効果でぐんぐん大きくなっていきます。

9歳までの子どもは、踊ったり、絵を描いたり、歌をうたったりという五感を使っ

た体験学習を喜ぶようにできています。

「私の子どもは体験学習を嫌がりますよ！」

そう思う人もいるかもしれません。

体験学習をいやがったり、興味を持たない場合は、二つの理由が考えられます。**一つは単に気分が乗らないから。**子どもだって、歌いたい気分のときと、そうではないときがあります。

しかし、気分にかかわらずいつも歌をいやがる子は、二つめの理由を考えてみましょう。それは、発達の過程で「何か」が不足している可能性があるということです。

たとえばダンスを楽しむためには音楽的知能と身体的知能の両方が必要になりますが、音楽を聴く習慣がまったくない子どもに、いきなり「音楽に合わせて踊ってみましょう」と言っても無理があります。**この場合は、一段階ステップダウンして、まず歌を楽しむ体験から始めるべきでしょう。**

気をつけたいのは「この子はダンスに興味がない」と早々に決めつけてしまわないことです。たいていの場合は、一段階ステップダウンして仕切り直せばそのうち興味を示すようになるので、長い目で見守るようにしてください。

これは小学校の科目にもいえることです。低学年のうちから国語が好き、算数が好きなど好みの傾向が出てきたとしても、「この子は文系／理系」などと決めつけるのは早すぎます。臨界期までは「6つの器」のすべての能力を伸ばせるので、親の勝手な判断で可能性をせばめることなく、全能力をまんべんなく育てるように心がけましょう。

たった一つの質問で、子どもの適性がわかる

全能力をまんべんなく育てるためには、五感すべてを使うことも大事です。たとえばお散歩の途中にきれいな花を見つけたら、見ための美しさを堪能するだけではなく、実際に触って花びらや葉の感触を確かめ、香りをかぎ、風に揺られる音を聞き——というように、なるべく多くの感覚機能を使って花をめでるのです。

ただ、子どもには得手不得手があり、五感のなかでも優れている感覚と、そうでもない感覚があります。これは視力がいいとか、聴力がいいとかいう機能的な問題では

なく、どの感覚が敏感であるかという問題です。

もっとも、このことについてはとくに意識する必要はなく、敏感だろうが鈍感だろうがまんべんなく五感を使わせてほしいのですが、もし「うちの子は五感のなかでどの感覚が優れているのだろう？」と知りたくなったら、次のような「言葉かけ」が効果てきめんです。

「〇〇ちゃんは、海と聞いてまず何を思い出す？」

「青い海、白い波」などビジュアルなイメージを答えた子は、視覚が優れています。

「波の音」「カモメの鳴き声」など海に関する音を挙げた子は、聴覚が優れています。

「潮のかおり」と答えた子は、臭覚が鋭い子です。

「冷たい水」「砂浜のジャリジャリ」などを思い出した子は、触覚が優れています。

「海水を飲んじゃったときの塩辛さ」を挙げた子は、味覚が鋭敏です。

五感のなかで何が優れているのか、ちょっとテストしてみるのもおもしろいかもしれません。

第3章

お家でできる！「4つの体験」で学力を向上させる超具体的な方法

「脳を揺さぶる体験」に必要なこととは何か？

「読み書き・そろばん」に特化するより、五感を使った体験で「6つの器」（多重知能）を伸ばしたほうが学力にも将来の幸福度にもプラスになるのは、先に述べたとおり、脳がそれを期待しているからです。

親の負担も減り、楽しい体験を通して子どもの成長を安心して見守ることができます。とくに臨界期前の育ちざかりの脳は、座学ではなく体験からさまざまなことを吸収したいと切望しています。

実は、これに加えてもう一つ理由があります。**五感を使った体験は「感動」につながり、記憶に深く刻まれることになるからです。**

人の記憶には、すぐに忘れてしまう短期記憶と、長く定着する長期記憶があります。いずれもニューロン（神経細胞）同士がシナプスと呼ばれる結合部でつながったときに生まれるものです。このシナプスを刺激するトリガーのひとつに「感動」があります。脳を揺さぶられるような体験をするとシナプスが結合し、記憶に残るというわけです。

です。

また、感動すると脳の中で快楽物質ドーパミンの分泌が促進されるのですが、このドーパミンもまた、記憶の定着に役立つと考えられています。だからこそ、脳を揺さぶられるような感動体験は長らく記憶に残るのです。

筑波大学名誉教授で分子生物学者の村上和雄氏は、著書『生命の暗号』（サンマーク出版）の中で、

「『感動』することで眠っていた遺伝子がオンになり、驚くべき変化をもたらす事がある」「ぱっとしない子を見て親はがっかりしてはいけない。『感動』が何かをもたらすことで、眠っている遺伝子がいつオンになるかわからない」

と述べています。

言い換えれば、日常のささやかな出来事でもそこに「感動」が伴えば、遺伝子のスイッチが入り、「6つの器」を大きくするきっかけになっていくということです。

では、子どもを感動させるためにはどうすればいいのか？

すぐに思い浮かぶのは「感動的なお話を聞かせる」「美しい景色を見せる」などでしょうが、それだけではありません。

感動とは**「ある物事に深い感銘を受けて強く心を動かされること」**を指します。ウルッと泣けてくるような感情だけではなく、新しいものを発見したときの驚きや、何かを成し遂げたときの喜び、好きなものに出合ったときの興奮、勝負に負けたときの悔しさもすべて感動といえます。

こうしたさまざまな感動は、次の「4つの体験」によってもたらされます。

「文化体験」……新しい知識や刺激、生活習慣に触れる体験
「運動体験」……身体を動かす体験
「自然体験」……自然や世の中の現象に触れる体験
「競争体験」……目標を持って他者と競い合う体験

難しく考える必要はありません。

すでにご家庭で取り入れているような習慣に、ほんの少し工夫を加えたり、意識の持ち方を変えたりするだけで、その習慣が「４つの体験」に早変わりします。

本章で紹介するのは、そのようにご家庭でも気軽に実践できる「感動体験」のつくり方です。

それぞれどの体験によって、どの知能が身につくのか、一目でわかるようになっていますので、取り入れやすいものや興味のあるものからご覧いただければと思います。

文化体験

お風呂での「英語クイズ」が一生モノの英語力を育む

言語的知能

みなさんのご家庭では、子どもをお風呂に入れるのは誰の仕事でしょうか？　大久保家では（もう20〜30年も昔の話になりますが）平日は妻が担当し、日曜日だけ私が入れていました。仕事に追われ、あまり子育てに参加できなかった私にとって、日曜日のお風呂タイムは子どもたちとゆっくり触れ合える貴重な時間でした。

そのとき必ずやっていたのが「英語クイズ」です。水、お湯、蛇口、バスタブ、タオル、石鹸、床、ドアなど、目についたモノを片端から「これは英語で何というの?」とクイズを出し合うのです。勉強ではなくゲーム感覚なのがよかったのでしょう、子どもたちはこの習慣を心から楽しみ、どんどん単語を覚えていきました。

英語クイズ自体はいつでも、どこでもできますが、お風呂で行う最大のメリットは「モノが限られていること」につきます。リビングなどは無数にモノがあるので、子どもに「これは何?」と聞かれても答えられなかったり、発音に自信が持てなかったりということがありますが、お風呂ならその可能性は低くなります。「あれは英語でなんだったかな?」と予習できるくらいしかモノがないので、私のように英語が得意ではない親でも無理なくクイズを出すことができます。

このクイズタイムの効果だと断言はできませんが、**わが家の3人の子どものうち長男は英会話学校の社長になり、長女は大手コンサルタント会社のコンサルタントとして世界を飛び回るようになりました。**特別な英才教育をしたわけでもないのに3人中

2人が日常的に英語を使う仕事に就《つ》いたのは、もしかしたらお風呂でのクイズが多少は役立ったのかもしれません。

反対に、お風呂でなるべくならやってほしくないのは「お勉強」です。玩具売り場などではよく、お風呂の壁に貼る50音やアルファベットの防水ポスターなどが売っていますが、おすすめはできません。

お風呂は親子の最高のコミュニケーションの場であり、リラックスして心身をときほぐす場所です。間違ってもお勉強する場所ではありません。その本来の意味から考えると、あまりにも知育を意識した玩具はふさわしくないのです。

お母さんが身体を洗っている間に子どもが遊んでいられるよう玩具を置きたいなら、壁に張りつくスポンジの玩具などがおすすめです。単純に楽しめるし、ブロックのようにいろいろな形を組み合わせることで絵画的知能や空間的知能も磨けます。

文化体験

小学校の英語教育はまるでデタラメ！

言語的知能

言語習得をつかさどる言語的知能の臨界期が9歳であることを考えると、たしかに英語は幼稚園〜小学校低学年までに鍛えておきたいスキルのひとつといえます。澤口俊之氏も「事実上の国際語である英語は遅くとも幼稚園や保育園から始め、小学校低学年までに集中して行う」と述べています。

日本語が未熟なうちに英語を教えると子どもが混乱するのではと思われるかもしれませんが、臨界期前の脳は「日本語用区画」と「英語用区画」に区分して処理されるので、混乱・混線は起こらないといわれています。

もちろん臨界期までは座学で文法などを学ぶのではなく、歌やクイズや会話といった文化体験をとおして、**「五感で英語を学んでいくこと」**が大切です。こうした観点からすると、**今の小学校の英語教育はデタラメといわざるを得ません。**

小学校では2011年から5、6年生の英語が必修になりました。それで何をやっているかといえば、英語の歌をうたったり、クイズを出したりしているのです。座学ではなく体験中心なので、一見すると正しい教育のように思えるかもしれませんが、問題視すべきはそれを行っている「時期」です。

小学校5、6年生といえば、もう臨界期は終わってしまっています。詳しくは後述しますが、臨界期を終えた子どもはだんだんと体験よりも論理を好むようになっていきます。

そんな大人になりかかっている時期に英語の歌やクイズをやっても、ほとんど意味がない。本人たちもばかばかしくて苦痛だと思います。

英語の歌やクイズなどの遊びで英語力が伸びていくのは、臨界期の9歳までです。だから**本当は5、6年生ではなく1～3年生の英語を必修にして、どんどん英語の体験を積ませるべきなのです。**そして10歳以降は文法など論理的な座学にシフトしていけばいいのです。

このことは当然、家庭での英語教育にも当てはまります。

英語を教えるのはいい。座学ではなく歌やクイズで体験的に学ぶというのもすばらしい。ただし、それが通用するのは9歳までであって、お風呂での英語クイズも9歳以降は効果が見込めません（もっとも、9歳以降は親子でお風呂に入ることも稀になっていくでしょうが）。

このほか、**英語のテープや洋楽を流しっぱなしにするというのも、やりがちな間違いのひとつです。** 英語のシャワーを浴びせていると自然と英語の耳や脳が育つという説は、魅力的ではありますが残念ながらインチキであって、いくらやっても子どもにはほとんど効果がありません。

英語に限らず、幼児期の学習は「大人と一緒に体験しながら学ぶ」のが基本です。テープなどを一方的に聴くのではなく「これはこうだね」「おもしろいね」などと会話しながら勉強することで、初めて「文化体験」として成立するのです。

文化体験

ひらがなの読み書きは、たった1週間で覚えられる

言語的知能

幼児教育で英語に次いで人気があるのは、ひらがなや漢字の読み書きです。3歳くらいになると、あいうえおのパズルやポスターなどを与えてひらがなを教えるご家庭も多いようですが、あまりよいことだとは思えません。

これまで何度か述べてきたように、読み書きには臨界期がなく、いつでも覚えられます。ほかに何もやることがないならともかく、外遊びをしたり、一緒に絵本を読んだりという体験活動があるのなら、そちらを優先してほしいのです。

どのみち子どもは5歳くらいになると、自分から読み書きを覚えたいと言い出します。**そのモチベーションが高まったタイミングで教えてあげれば、ひらがななんて1週間で覚えてしまいます。**

リリー幼稚園が園児に読み書きを教えるのは年長さんになってからと、私立幼稚園にしてはかなり遅いほうだと思います。それも、先生が「さあ学びましょう」というな

がすのではなく、子どもが自発的に「学びたい」と言い出したときに初めて教えるようにしています。

そのきっかけづくりとして、先生は**「郵便屋さんごっこ」**を仕掛けます。「両親やお友達など、好きな人にお手紙を出してみましょう」と言うのです。

この時点で、家で勉強してすでにひらがなを書けるようになっている子と、書けない子がいます。ひらがなが書けない子は、別に文字ではなく絵のお手紙にしてもいいのですが、やはり書ける子と同じように文字を使ってみたいと思うようで、「先生、書きかた教えて！」と言ってきます。

ここで初めて先生は園児にひらがなを教えます。

自分から書きたい、勉強したいと思ったタイミングで教えるので、ほとんどの園児は1週間もすればひらがなの読み書きができるようになってしまいます。

ご家庭でも、いきなり「あ、い、う、え、お」を書かせるのではなく、郵便屋さんごっこなどで動機づけを行い、本人がやる気になった時点で教えるようにしてみましょう。きっと、あっという間に習得してくれると思います。

なお、**ひらがなや漢字を教えるときは「正確な書き順」と「正しい鉛筆の持ち方」もセットで教えてください。**いずれも美しい文字を書くためには必須の条件であり、一度定着してしまうとなかなか修正がききません。3、4歳ではそこまで正確に教えるのは難しいということも、「読み書きは5歳から」と言っている理由のひとつです。

鉛筆の持ち方を教える際は、専用の補助具や特殊な鉛筆よりも**「三角鉛筆」がおすすめ**です。軽くて子どもでも持ちやすく、自然と正しい握り方になります。

また、利き手を矯正すべきかというご相談もよくいただきますが、今は左利き用の道具もたくさん出ているので、無理に是正する必要はないでしょう。ただ、社会は基本的に右利き用にできているので右利きのほうが楽に生活できますし、文字を書くときは、縦書きにしても横書きにしても右のほうが圧倒的に使いやすい。ですから文字の書き方を覚えるときは、右手で書く癖をつけるようにおすすめしています。

文化体験

ピーマン、ニンジン、ゴボウ、すなわち野菜

言語的知能

読書が好きな子ほど言語的知能が高く、国語の成績もよいことは、あらためて説明するまでもなく、皆さん経験的にご存じかと思います。

読書好きな子に育てるためには、幼児のうちに本と接触する頻度を高めることが一番です。お母さんが読み聞かせをしてあげるのもいいですが、**リビングに本棚を置くなどして、子どもがいつでも好きなときに本を手に取れる環境をつくることも大切です。**たとえ文字がまだ読めない子どもでも、好きな絵本を手に取ってパラパラ絵を見るだけで本の楽しさはわかります。

また、言語的知能を国語力につなげていくためには、**抽象と具象の概念を育むことも必要になります。**これは読み書きを覚えるよりも優先して身につけたい能力です。

抽象と具象の概念を育むには、それぞれを行き来するクイズを出すのがいいでしょ

う。たとえば次のようなクイズです。

「ピーマン、ニンジン、ゴボウといえば何？」

このクイズに対して「野菜！」と答えられたら、「具象から抽象」を連想できたことになります。反対に「野菜をいくつか挙げてみて」と聞いて「ダイコン、キュウリ、カボチャ……」などと答えられたら、「抽象から具象」を導き出せたことになります。

小学校入学前にこの両方ができれば、言語的知能が十分に育っている証しといえます。

偏差値64を支えるタイピング教育

最近、子どもにプログラミングを習わせるご家庭が増えているようです。プログラ

ミングはたしかに便利なスキルですし、ゲームを創るなどクリエイティブな広がりもあるので悪くない習い事だと思いますが、**少なくとも9歳以下の幼児期にやらせることではありません。**脳が期待する環境のなかにプログラミングは入っていないので、脳は拒絶反応を示します。習うにしても10歳を過ぎてからで十分でしょう。

ただし、タイピングは別です。

キーボードを正確に入力するタイピングは、むしろご家庭でどんどん取り入れてほしい運動体験のひとつです。タイピングは手先を器用にし、脳の発達を促すという一面もあるからです。ホームポジションをしっかりと身につけてから、速さと正確さを磨くのがいいでしょう。

リリーベール小学校でも、1～3年生に簡単なタイピングを教えています。大人のまねごとのようで楽しいのか、児童たちはとても上達が早いもので、タッチタイピングの速さと正確性を競う「毎日パソコン入力コンクール」（毎日新聞社ほか主催）では、全国トップ3に入る子が毎年出るなど、8年連続で団体日本一を獲得しています。

さらに4年生以降は、タイピングの技術を使ってインターネットで検索したり、パワーポイントで発表資料をつくるといったことにも挑戦し、6年生のときには1年間かけて卒業研究まで行います。こうした一連のIT教育も、**「学年平均」の偏差値64という成績の土台になっているのだと思います。**

現代ではITと無関係に生きることはできません。幼児期の後半にタイピングを習得するのは、その後、本格的にITリテラシーを育んでいくうえでもちょうどいいタイミングといえます。子どもがタイピングを練習するためのソフトウェアなども市販されているので、週末にお父さんと練習してみてはいかがでしょうか。

自然体験

雪が降ったら大いに「雪遊び」をさせなさい

多重知能全般

人間は季節とともに生きるのが自然な姿です。ところが現代はどこへ行ってもエアコンがあり、季節を感じることが少なくなっています。だからこそ、子どもには意識的に**「季節を感じる遊び」**をさせてください。いつもとは違う外遊びの体験は子どもの脳に「感動刺激」を与えます。

たとえば、季節によって次のような外遊びをすると、子どもは大いに喜び、脳を発達させます。

《春》

春になったら花を探しに行きましょう。図鑑を持参して「このお花はなんだろうね」と、一緒に花の名前を覚えるのもいいですね。

《夏》

夏は海や山でのレジャーが楽しい季節です。夏休みのあいだに一度くらいは自然豊かな場所に連れ出して、この季節にしかできない体験をさせてあげてください。

《秋》

秋のおすすめはドングリや落ち葉拾いです。わざわざ遠出しなくても、近所の公園でも十分きれいなものが見つかるので、たくさん集めて工作に使うのもおすすめです。

《冬》
冬はどうしても家の中にこもりがちですが、雪が降った日くらいは思いっきり外で遊ばせましょう。雪だるまづくりや雪合戦はもちろん、都会の子どもにとっては雪かきだってワクワクの自然体験です。

もちろん親世代も忙しいので、毎週毎週子どもの遊びにつき合うわけにはいかないでしょうが、少なくとも各季節のあいだに数回は、季節感のある自然体験のチャンスをつくるようにしてください。

自然体験

ショッピングセンターに行くより、キャンプに行きなさい

多重知能全般

週末は家族でショッピングセンターへ行くのが恒例というご家庭も多いのではないでしょうか。買い物だけではなくゲームセンターや映画館など楽しい施設が集まっているので、子どもはショッピングセンターが大好きです。

しかし、自然の中に出かければ、それとはまた別の発見や感動に巡り合えます。**なかでも私が強くおすすめするのはキャンプです。**人間は何百万年ものあいだ森の中で暮らしていたので、原始のころに近い環境に身を置くと、眠っていた脳が刺激され、多重知能によい影響を与えるのです。

たとえば、山道を歩き、水を汲み、テントを張って……といった非日常的な動きをすることで、**身体的知能**が育まれます。見慣れない景色の中を歩き回り、僕たちのテントはどこだっけと見渡すだけでも、**空間的知能**が刺激されます。効率よく火をおこすにはどうすればいいか考えれば**論理数学的知能**が、鳥の鳴き声や川のせせらぎに耳

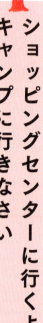

を傾ければ**音楽的知能**が、夜空の美しい星を見上げれば**絵画的知能**が育まれます。自然についての感想を述べ合ったり、役割分担について話し合ったりと、家族の会話も普段とは違ったものになるため、**言語的知能**も磨かれます。このようにキャンプでは「6つの器」のすべてを伸ばせるのです。

海外でも、キャンプは子どもたちの心と体を鍛える活動として大いに推奨されています。なかでもイギリスは、ボーイスカウトやアウトワード・バウンド・スクール（OBS）という冒険教育機関の発祥の地で、アウトドア教育がとても盛んです。

イギリスでアウトドア教育の重要性が認識されるようになったきっかけは、第一次世界大戦下で、古参兵よりも若い兵士の死亡率が高かったからだといわれています。ふつうなら体力のある若い兵士のほうが生存率は高いはずなのに、産業革命後の工業化社会の中で育った若者たちは、サバイバルする能力が〝スポイル（欠落）〟されてしまったために生き残れなかった。このままでは国が滅んでしまうと危機感をつのらせた人々によって、アウトドア教育が始まったのです。

今の日本の子どもたちは、第一次世界大戦時代のイギリスよりもさらに自然から遠去かっています。生き抜く力を備えたたくましい子どもに育ってほしいと願うなら、年に一度はキャンプに連れて行くべきでしょう。

子どもが成長するスポーツは水泳とサッカー

子どもにいつから、どんな習い事をさせるかで頭を悩ませている方も多いことでしょう。私のおすすめは、**幼稚園に入園する3歳ごろから、スポーツ系と文化系でそれぞれひとつずつ習い事をさせることです。**それ以上詰め込むと子どもが自由に遊ぶ時間がなくなってしまうし、それ以下では、子どもの感性が乏しくなってしまいます。

スポーツ系では**サッカーと水泳がおすすめ**です。仲間と切磋《せっさ》琢磨《たくま》するなかで身体的知能とコミュニケーション能力を培いたいならばサッカーを、全身運動で身体的知能を底上げするとともに、子どものストレスを解消したいなら水泳を選ぶといいでしょう。

子どものストレス解消には、笑い、おしゃべり、水泳の3つが有効だといわれています。ポーズをとって飛び込んだり、水中ででんぐり返しをしたりと、地上ではできない動きができるので、子どもの心の解放になるのです。

だから庭でビニールプールに水を張って遊ばせるのもいいけれど、それではアクロバティックな動きはできないので、スクールに通わせない場合は、時々はプールに連れて行ってあげるといいでしょう。

文化体験

文化系の習い事ならピアノが「お得」

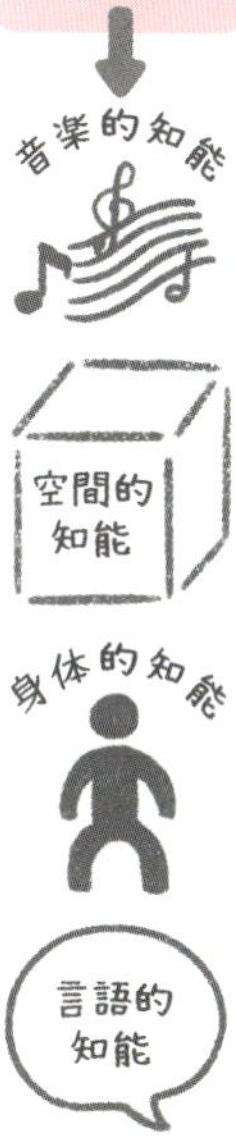

文化系の習い事には、習字、歌、絵画、楽器などさまざまありますが、臨界期前の子どもに習わせるなら**圧倒的にピアノがおすすめ**です。東大合格者の多くが幼少期に

ピアノを習っていたというデータもありますが、それはピアノが音楽的知能はもとより、言語的知能や空間的知能や身体的知能（手先の器用さ）も育ててくれるからでしょう。

脳医学者の瀧靖之氏も、著書『16万人の脳画像を見てきた脳医学者が教える「脳を本気」にさせる究極の勉強法』（文響社）のなかで、「ピアノをはじめとする楽器は音感やリズム感に加えて手先から脳の発達を促す」「音の領域と言語の領域は重なっていて、言語や外国語の発達も早い」「何か一つの能力が伸びると『汎化《はんか》』といって他の能力も伸びてくる」と述べています。

ただ、5歳以下の子どもの場合は、個人で学ぶピアノ教室よりも**「グループレッスン」を採用している音楽教室**のほうがいいかもしれません。小さいうちは一人だとすぐに飽きてしまうことがあるけれど、お友達と一緒ならモチベーションが高まるからです。グループレッスンの音楽教室では、ピアノに限らず歌や踊りなどを幅広く楽しみ、5〜6歳をめどに個人レッスンにステップアップすることがほとんどです。

もちろんピアノ以外の楽器や、絵画などアート系の習い事でも多重知能は伸ばせます。どれにするか迷ったときは、親の意向ではなく子どもの興味を優先してください。

たとえ「〇〇ちゃんがやっているから私もやりたい」なんていう理由でも、頭ごなしに反対してはいけません。そもそも子どもの興味・関心というのは不確かで、本当にそれをやりたがっているかは10歳くらいにならないとわからないので、理由なんてなんでもいいのです。

習い事は、多重知能を伸ばす手段にすぎません。

大事なのは、何を習うかではなく、その習い事をとおして「どの知能を伸ばすか」です。 美しい旋律を聞いて美しいと感じる音楽的知能を育みたいなら、習うのはピアノでもギターでもなんでもいい。大事なのは、子どもが美しいものを美しいと感じられるように、親が「きれいな音色だね」などと頻繁に声をかけてあげることです。

文化体験

親はいい教師にはなれないと自覚すべし

多重知能全般

スポーツにしても音楽にしても、わざわざ習いに行かせなくても、親が教えようと思えば教えられることもあるでしょう。しかし、親というのはえてしていい教師にはなれないものです。子どもの成長を辛抱強く見守ることができず、すぐに怒ってしまうからです。

幼稚園に以前、両親ともに音楽家というご家庭の女児が通っていました。たしかお父さんはオーケストラ団員で某大の先生、お母さんは声楽家で音楽の先生でもあったと記憶しています。当然、わが子にも音楽のすばらしさを教えたいと、自宅でも両親が教師となって英才教育を行っていたようです。

ところが、子どもは徐々に音楽から距離を置くようになり、最終的には音楽とはまったく関係のないデザイナーの道に進学しました。覚えが悪いといっては怒られるので、習っているうちに嫌になってしまったのです。

親は自分が得意なことほどわが子もできて当然と思うので、ついつい指導や評価が厳しくなってしまいます。その点、教室の先生ならば、子どもの目線に立って辛抱強く教えてくれます。**それは月謝を払って習いに来ている他人の子どもだからこそできることです。**

親子のコミュニケーションは大事ですが、なんでも自分たちで教えればいいというわけではありません。ときには〝アウトソーシング〟したほうがよいケースもあることを覚えておきましょう。

「遊びの最大の意義」は集中力を高めること

子どもにとっては、日々の遊びも学びの場です。むしろ座学のお勉強よりもずっと多くの大切なことを、遊びから学んでいます。

遊びというのは強制されるものではなく、みずからの内面的な興味・関心で取り組むものだから、必然的に集中力が高まります。実は、この集中するということ自体にとても大きな意味があるのです。

集中している間はトラウマや悩み事から解放され、自分はどう思われているかとか、愛されているかとか、そんな余計なことはいっさい考えずに目の前のことに没頭できます。**このように何もかも忘れて没頭した経験が多いほど、勉強や仕事にも集中できるようになるといわれています。**つまり将来、仕事や勉強に集中できるようになるためには、小さいうちにたくさん遊びの体験を積ませる必要があるのです。

「百ます計算」の考案者として知られる陰山英男先生も「勉強の時間の長さで学力は伸びない。集中力こそ学力のすべて。勉強の目的は集中力を育むこと」と言っていますが、**実は集中力というのは、勉強だけではなく本気の遊びでも育むことができるのです。**

ただ最近の子ども、とくに小学生はとても多忙で、放課後は毎日のように塾や習い事の予定があり、遊ぶ暇もありません。そんな状況下では、子どもが遊ぶための時間や環境をつくるのも親の務めといえます。

といっても「今からこれで遊びなさい」などと遊びを押しつけてはいけません。遊びに没頭できるのは、あくまでも自主的に取り組むからであって、勝手に目標を立てられたらやる気も失せてしまいます。

親がやるべきは、子どもが興味・関心のある遊びができるよう、場所や道具といった環境を用意してあげることであって、遊びの内容や目標や方法をいちいち指示することではないと心得てください。

1日1回の「大笑い」でテストの点が上がる！

英国ウォーリック大学のオズワルド教授が700人の学生を集め、10分間のコメディを観せて大笑いしたグループと、そうではないグループにわけて2桁の足し算を解かせ

たところ、**コメディを観たグループは平均12％も高得点でした。**これは、笑いによって幸福度が高まると、生産性や忍耐力も高まるからだそうです。

そんな笑いの力を育脳に活かすために、リリーベール小学校および附属幼稚園では、1日1回、クラスで腹を抱えて大笑いすることを目標に掲げています。これはご家庭でもぜひ取り入れてほしい習慣です。

子どもを大笑いさせるのは大変だと思うかもしれませんが、実は、どんな子どもも大喜びする鉄板のネタがあります。**それは「手品」です。**子どもは例外なく手品が大好きで、「手品をやるよ！」と言えば目を輝かせて集まってきます。

手品といっても、それほど凝ったことをする必要はありません。特別な種などなくても、子どもをくぎ付けにするにはハンカチ1枚あれば十分です。

まず、ハンカチを何回か折りたたみ、バナナくらいの大きさの棒状にします。折り方はどんなふうでも構いません。

できあがった棒状のハンカチの下半分を左手で握ると、上半分はプラプラしてはいるものの、一応自立すると思います。そうしたら、下半分を握っている左手の親指なり人差し指なりで、プラプラしている上半分をチョンチョンと押して動かしてみる。

ハンカチを使った
「見えない糸」の手品

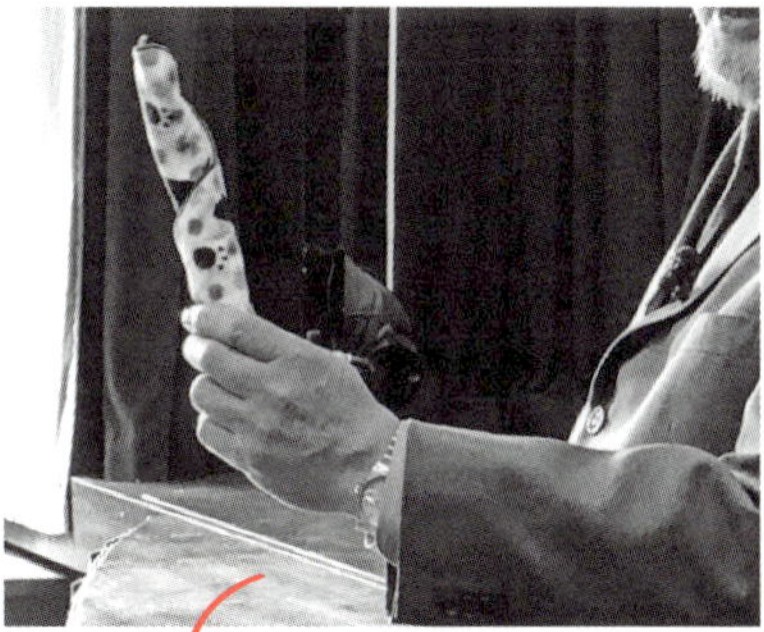

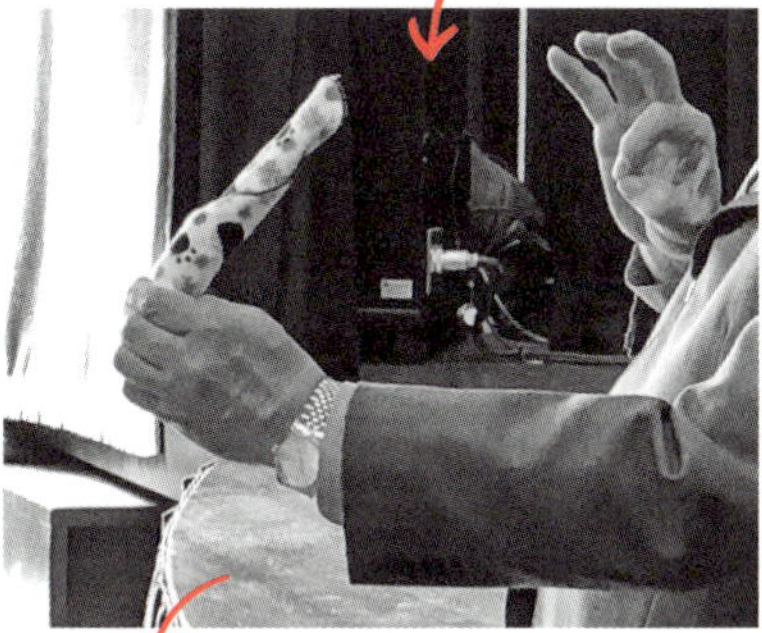

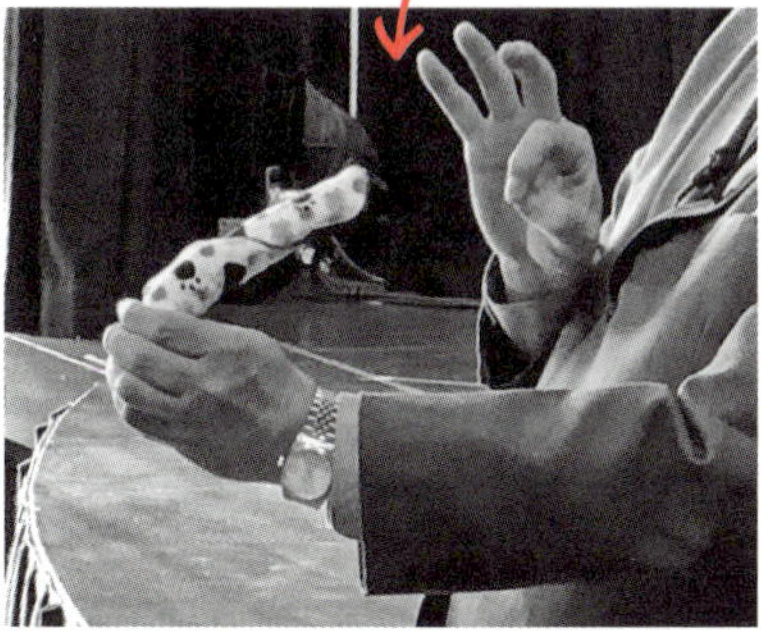

同時に、右手で糸を引くような動作をすると、あたかも見えない糸でハンカチが引っ張られているように見えます。左手のチョンチョンという動きが子どもにバレないように気をつけながら「ビビデ、バビデ、ブーッ！」と魔法の呪文《じゅもん》を唱え、見えない糸のマジックを披露しましょう。

子どもはこれだけで大喜び！

文字どおり種も仕掛けもないのに「どんな種なの⁉」「糸で引っ張っているんでしょう⁉」と、口々に秘密を探ってきます。大笑いの効能に加えて、空間的知能や論理数学的知能もフル回転しているのです。

こうした即席の手品に飽きたら、手品の種を一つ二つ買ってみるのもいいでしょう。手品の種は、専門店や東急ハンズなどで売られていて、ほんの数分練習するだけでマスターできる手軽なものもたくさんあります。

実は私は手品が趣味で、素人芸に毛が生えたレベルではありますが100種類くらいの種を持っていて、子どもたちにしょっちゅう披露しています。児童のなかには私のことを、校長先生ではなく手品のおじさんだと思っている子もいるかもしれません。

初心者におすすめの種を一つ挙げるなら「アピアリング・ケーン（出現する杖）」あたりでしょうか。

数センチの筒が、ボタンを押すと一瞬で1メートルほどのステッキに変身するというもので、うまくやれば空中からいきなりステッキが現れたように見えます。

反対におすすめできないのは**トランプ系**です。初心者向けと銘打ってあるものでも総じて難しく、かなりの練習が必要になるので、本気でうまくなろうという覚悟がないなら手出し無用です。

なお、どんなマジックをやるにしても「種明かし」は絶対にしてはいけません。子どもの興味は、種明かしをした瞬間に「なーんだ」で終わってしまい、あとには感動も好奇心も残りません。

私は子どもたちに「どうやっているの？」と聞かれたら、「私はホグワーツの卒業生だからね！」と答えるようにしています。ハリーポッターの学校で勉強したから魔法が使えるのだと、何を聞かれてもその一点張りで貫き通しています。それでいいのです。子どもは「はぐらかされた！」などとは思いません。興味関心を失わず不思議そうに目を輝かせ、自分で考えるようになります。

手品以外で子どもの知的好奇心をくすぐりたいなら、手近な玩具に「ストーリー性」を持たせて魔法のアイテムに変身させるのもいいでしょう。

たとえばリリーベール小学校では、ハロウィンの時期になると校内をさまざまな装飾で彩るのですが、子どもたちに一番人気があるのは、学校の入り口に飾られる**「ホログラム」**です。片側から見ると普通の少女の絵だけど、別の角度から見ると魔女に見えるというもので、これは10月31日の2時間目から4時間目の間の休み時間にしか飾りません。その時間にだけ現れる不思議な絵があるという「伝説」をつくったわけです。かれこれ6～7年やっていますが、伝説はすっかり浸透して、その時間になると各クラスから子どもたちがわーっと集まってきて、鈴なりになって不思議な魔法の絵を鑑賞しています。

自然体験

「自分探し」は大いに推奨する

多重知能全般

自分探しとはなんでしょうか。最近では、若者のみならず30代、40代になっても「自分探し」と称して根無し草のような生活をする人もいるため、現実逃避や社会に対する甘えではないかとネガティブなイメージを持つ人もいるかもしれません。

しかし本来の自分探しとは、「自分の得意なことで、仕事に結びつけられるもの」を探すことを意味します。

「得意なことではなく好きなことを仕事にしたい」という人もいるでしょうが、いくらギターが好きでも大半の人はプロにはなれません。

しかし、得意なことはその時点ですでに人よりも優位なのだから、仕事に結びつく可能性が高くなるし、周囲からほめられたり認められたりしやすいため、結果として好きになるということも多々あります。**得意なものを仕事にできれば、それだけ幸せに近づくことができるのです。**

ですから自分探しは大いに推奨したいのですが、それは思春期以降、子ども自身が取り組む仕事になります。臨界期までの幼児に親がしてやれるのは、とにかく多彩な体験を積ませて多重知能を伸ばすこと。**そして、自分探しの最初のステップとして「図鑑」を買い与えることです。できれば年長児になったら図鑑は揃《そろ》えるのが理想的です。**

図鑑はいろいろな世界の窓口です。

虫や動物、宇宙、植物、食などさまざまなジャンルに触れると、自分が何に心惹かれるのかがうっすらと見えてきます。

子どもの興味・関心の傾向がわかれば、親ができるサポートも増えていきます。動物が好きなら動物園に連れて行ってあげるなど、興味・関心を伸ばすような環境をつくってあげましょう。

自然体験

子どもは誰しも、遺伝的な強みを持っている

多重知能全般

第1章で述べたように、子どもの知能（脳の器）の半分は遺伝で決まります。言い換えれば、**子どもはみんな生まれつき「遺伝的な強み」を持っているということです。**

わが子の強みを知りたいなら、公園遊びの様子を観察してみましょう。臨界期まではどの器もまだ伸びるので、何に向いていると断言はできませんが、子どもがその時点で何に心惹かれていて、どんな才能がありそうかというヒントくらいは得られます。

ジャングルジムやかくれんぼが好きな子は、空間的知能が高そうです。
砂場に直行してお城などをつくる子は、絵画的知能が強みでしょうか。
リズム感が大事なブランコを好む子は、音楽的知能が高いのかもしれません。
鉄棒が得意な子は、身体的知能が高いと思われます。

鬼ごっこなど複数人数でやる遊びが好きな子は、言語的知能が高そうです。公園の遊具で遊ぶよりポータブルゲームをやりたがる子は、論理数学的知能が発達しているのかもしれません。

子どもの得意不得意は、公園遊びだけではなく日常の生活からも見えてきます。得意分野を磨くというよりも、多重知能がまんべんなく伸びるよう、足りない方面に興味を持たせるようなアプローチを心がけてください。

文化体験

お母さんが「感想」を口に出すと子どもの語彙が増える

言語的知能

何年か前にこんな記事を読みました。

〃専門職階級（つまり教育レベルが高く経済的にも豊かな層）の親は、労働者階級（教育レベルが低く所得も低い層）の親よりも子どもに話し掛ける頻度が高く、世の中について、また自分の経験や感情についてその都度説明し、子どもの希望や興味をたずねる。その結果として、3歳児の語彙《ごい》が専門職階級では1100語、労働者階級では750語と50％もの差が生じる〃

この記事のおもしろいところは、**子どもの語彙を左右するのは「話す内容」ではなく「話す頻度」だと指摘している点です。**おそらく労働者階級の親ほど余裕がなく、子どもと向き合う時間が短かったのでしょう。一方、専門職階級の親は、子どもに話し掛ける頻度が高かった。話題は世の中や自分の経験・感情についてということなので、とくに高尚な内容ではありません。

「今日は暑いね」
「このお花きれいだね」
「お手紙が届いたね」

「○○ちゃんは何を食べたい？」

そんななにげない会話をするかどうかで、子どもの言語的知能が大きく変わってくるというのです。

ですから皆さんも、日々の他愛ない感情・感想をなるべく口に出し、子ども自身にもそうするようにうながしてください。それだけで子どもの語彙はどんどん増えていくでしょう。

とはいえ幼児の発達には個人差があります。言葉の遅れは、親が話しかける機会が少なすぎるからというのが定説であって、幼稚園の子どもたちを見ていてもその説はおおむね正しいと感じますが、しかし、親がいくら一生懸命話し掛けても、子どもの発語が進まないケースもなくはありません。

わが家でも次男は言葉が遅く、5歳くらいまであまりしゃべりませんでした。妻は何か障害があるのではとずいぶん気をもんでいましたが、私は、こちらの言っていることが理解できているのだから大丈夫だろうと思っていました。実際、妻の心配は取り越し苦労で、次男は5歳になったとたん堰《せき》を切ったように話し始めました。

未就学児の場合は、「これをやって」「それはだめだよ」といった指示が理解できているなら、言葉は遅れていても問題ありません。私も幼稚園・小学校でたくさんの子どもを見てきましたが、うちの次男のように言葉が遅れていた子でも、話し始めればすぐにみんなに追いつきます。本当に障害がある場合は別として、未就学児の言葉の遅れがのちのちまであとを引くことはまずないので安心してください。

文化体験

カラフルな箱を用意すれば、部屋が片づき知能も伸びる

幼稚園でも小学校でも、身のまわりの始末がじょうずにできない子は成績が悪いというのは常識です。考えてもみてください。鉛筆はいつも研がれていない、消しゴムはどこかに行っちゃった、ノートも忘れてきちゃったという子が、勉強ができるようになるはずがないではないですか。**幼児期は、整理整頓《せいとん》の能力と学力が完全に比例す**

るのです。

整理整頓は、6つの多重知能でいうなら絵画的知能や空間的知能、論理数学的知能と関連します。さまざまなものをきちんと片づけ、美しくそろった状態に保つことは、これらの知能を育むことでもあるのです。

だから小さい子どもには積極的にお片づけをさせましょう。といっても、ただ「片づけなさい」と言うだけではなく、子どもが片づけやすい環境を整えてあげる必要があります。以下、そのコツをいくつかご紹介します。

○同じものは同じところに集める

これは整理整頓の鉄則です。「おもちゃ箱」などと十把ひとからげにするのではなく、楽器は楽器、工作道具は工作道具、ブロックはブロックというように種類ごとに仕分けをしたほうが子どもにも理解しやすく、必要なものだけ取り出せるので不必要に散らかりません。また、**カテゴリごとに分類する**という作業そのものが、論理数学的知能の鍛錬になります。

○箱の色を変える

積み木の箱は赤、ブロックの箱は青というように、**カテゴリによって箱の色を変えてあげましょう。**箱には「つみき」「ブロック」などと書いておくか、まだ字が読めない子の場合は、積み木やブロックの写真を貼ってあげるといいでしょう。

○子どもの目の高さを意識する

毎日使うものは、子どもが出し入れしやすい場所に収納しましょう。学校の時間割などを貼るときも、**子どもの目の高さ**に合わせるようにしてください。

○玄関の床にテープで靴の形を描く

脱いだ靴をきちんと揃えることは、子どもにとっては難易度の高い作業です。うまくできない場合は、はがしやすいビニールテープなどを使い、玄関の床に**子どもの靴の形を描いてあげる。**すると子どもでも「ここに並べて置けばいいのか」とすぐにわかり、対応できるようになります。

日々の整理整頓が、少しずつ「6つの器」を育んでくれるのです。

文化体験

親子で料理をすると、頭とセンスのいい子が育つ

俗に、お料理がうまい人は頭がいいといわれます。たしかに料理というのは複雑な作業で、魚を焼いている間にほうれん草をゆで、時間を見計らいながら残り物をレンジでチンして、食器を準備して……といった段取りを考えるには高度な論理数学的知能が求められます。また、食欲をそそる美しい盛りつけをするには絵画的知能も必要になります。

逆にいえば、**これらの能力は料理をすることで磨かれるということなので、男女を問わず、料理のお手伝いは積極的にしてもらいましょう。**包丁や火はあぶないから近づけたくないと思う方もいるかもしれませんが、まずは包丁や火を使わない、簡単で

安全な作業から始めてもらえばいいのです。

幼稚園児のうちは、食卓にお皿を並べたり、食後に食べたものをシンクまで持っていく程度のお手伝いで十分です。小学校に入ったら、盛りつけや、冷蔵庫から食材を出すといった作業も手伝ってもらいましょう。「これはキャベツ、これはキュウリ」というように野菜の名前を教えてあげれば言語的知能も伸ばせます。

なお、お手伝いといっても、この時期はまだ手伝ってもらうほうが手間がかかって大変だと思います。お手伝いをさせるなら、**日曜日のランチなど時間と気持ちに余裕があるときを選ぶといいでしょう。**

何歳から包丁や火を使わせるかは難しい問題です。リリーベール小学校では、正式に包丁の使い方を学ぶのは5年生の家庭科の授業になりますが、キャンプの飯盒炊爨《はんごうすいさん》のときは、3年生以下の子に野菜を切らせることもあります。その場合は、包丁の扱い方をしっかりと教え、「軍手」を着用させたうえで挑戦してもらいます。

文化体験

掃除では「目標・手段・評価」を明確にすべし

小学校にあがるくらいの年齢（6歳前後）になったら、お掃除にも挑戦させましょう。

ただし「この部屋をきれいにして」というような漠然とした指示ではいけません。

「今から玄関の床についた泥をきれいにしましょう」

「夕方4時までにリビングの床に掃除機をかけましょう」

というように、**「いつまでに」「何を」「どうするのか」という3点を具体的に指示してください。**

掃除の仕方、たとえば泥を落とす方法や掃除機の使い方などは、初めて使うときには丁寧に説明しますが、2回目以降は「どうやって泥を落とすんだっけ?」と質問し、自分で考えさせます。

そして掃除が終わったら、**掃除の内容を自己評価させる。**これが学習効果を一気に高めるコツです。

「玄関のお掃除は100点中何点だと思う?」「80点」「何が足りないのかな?」「きれいになっていないところが残ってるから」という具合です。

こうした一連の作業を通じて、どうすれば効率的に掃除ができるかという論理数学的知能や、美しいものを美しいと感じる絵画的知能が育まれていきます。

競争体験

罰として「トイレ掃除」をさせてはいけない

絵画的知能

よく「罰としてトイレ掃除をさせる」という話を聞きますが、これはいろいろな意味でやめたほうがいい習慣です。

まず、トイレ掃除を罰にした時点で「トイレ掃除＝嫌なもの」という認識ができてしまいます。**トイレに限らず掃除というのは本来、やればやるだけきれいになる、達**

成感を感じやすい作業なのですが、罰になった瞬間、そのやりがいは消滅してしまいます。

「きれいにしよう」と思って行えば絵画的知能が刺激されるのに、「罰だからしかたない」という気持ちで行ったのでは、きれいになったかどうかなんて関係ないので、絵画的知能も伸びてくれません。

どこまできれいにできるかという自分との競争体験になるよう導いてあげましょう。

おまけに、トイレ掃除への差別的な考えを持つようになる可能性もあります。多くのご家庭では、日常的にトイレ掃除を担当しているのはお母さんでしょう。**お母さんが行っている尊い作業を罰にしてしまったら、お母さんの尊厳も落ちてしまいます。**街でトイレ掃除をしている清掃員に対しても、職業差別的な考えを持ってしまうかもしれません。

勉強にしてもお手伝いにしても、しぶしぶやるよりは楽しみながらやったほうがずっと脳にも学力にもいい影響を及ぼします。トイレ掃除だけではなくほかのお手伝いや勉強についても、「罰として」やらせるのは得策ではないのです。

文化体験

お手伝いも勉強も「ゲーム感覚」でやるのが一番いい

罰とは逆に、日々のお手伝いを楽しんでやってほしいなら「ゲーム感覚」でやらせましょう。トイレ掃除もお片づけも、ゲームだと思えば苦にならないどころかワクワク楽しい作業になります。

脳科学者の茂木健一郎氏も、著書『やり抜く脳の鍛え方』（学研プラス）のなかで「課題解決や日常生活をゲームに置き換えて楽しみながら挑戦する」ことをすすめています。

茂木氏によると、ゲーム感覚で物事に取り組ませるには**3つの要件**があるそうです。

一つ目は、**時間的制限**をもうけること。期限を決めてタイムプレッシャーを設定することで、ゲームはよりスリリングになります。

二つ目は、明確な基準に基づいて**結果に点数をつけること。**ヒトの脳は「勝つ」という行為に反応してドーパミンが出るようにできているので、高得点が出れば快感を覚え、またやりたいと思うようになります。年が近いきょうだいがいれば、きょうだい同士で競わせるのもいいでしょう。

三つ目は、**ご褒美を用意すること。**ご褒美は、おやつでも、「ゲームを30分やる権利」でも、なんでも構いません。この3点を取り入れることで、勉強やお手伝いがたちまち楽しいゲームに早変わりします。

文化体験

美術館・博物館・音楽会に出かけよう

ここまで主に家の中でできる育脳習慣をご紹介してきましたが、月に一度くらいは博物館・科学館や美術館、音楽会、演劇の公演などの特別な場所に連れ出して、上質な文化体験を積ませてあげるといいでしょう。

博物館・科学館では、恐竜の骨の展示やプラネタリウムなどが見られるので、とくに男の子は目を輝かせて楽しんでくれると思います。歴史博物館は対象年齢が高めですが、原始人が住んでいた住居の模型などであれば幼児でも楽しめるでしょう。

美術館は、東京の有名美術館の特別展は毎回行列ができるほどの人気で、背伸びをしなければ見られないくらい混雑するときもあるので、小さな子どもを連れていくにはふさわしくありませんが、常設展なら大丈夫です。人も少なく、子連れでもゆっくり鑑賞できます。

「小さい子に美術を見せて理解できるのか？」なんていう心配は一切無用です。**人は生まれながらにして美を判断する絵画的知能を持っていて、その能力は、良質の絵画に触れる機会が多いほど磨かれていきます。**

生後3か月と6か月の赤ちゃんに、「魅力的な女性と、あまり魅力的ではない女性の写真を見せたところ、魅力的な女性の写真をより長く見つめていた」という実験結果もあるくらいです。

音楽会も、音楽的知能を育むのに最高の場といえます。

大人向けのコンサートに子どもを連れていくのはマナー違反なので、子ども向けの音楽会を探してみてください。子どもが好むクラシックや童謡を、プロの音楽家やアマチュア楽団が演奏してくれる音楽会は、子ども向けと謳《うた》っているくらいですから、子どもが泣いたり騒いだりしても嫌な顔をされることはありません。イベントによってはヴァイオリンなどを体験できることもあります。料金も無料~2000円程度が多いので、気軽に参加できますよ。

子ども向けの舞台もたくさんあります。

「劇団飛行船」のように家族向けのミュージカルを専門に行う劇団もあれば、かの有名な劇団四季も、子どものためのファミリーミュージカルを開催しています。大人向けの舞台にくらべるとリーズナブルでチケットも取りやすいので、調べてみてください。

子どもが楽しく踊り出す音楽は「これ」だ！

音楽的知能は「鑑賞する、歌う、踊る、弾く」の4つの要素によって伸びていきます。

鑑賞するのであれば、一番のおすすめはやはりモーツァルトで、認知神経科学者の澤口俊之氏は**「モーツァルトを聴かせるとIQが10伸びる」**とまで言っています。

リリー幼稚園でも昼食の時間に必ずモーツァルトを流しています。卒園生のなかには、これがきっかけでプロの音楽家になった子もいるくらいです。ご両親ともにクラシックのクの字もないご家庭だったそうですが、幼稚園で聴いたモーツァルトの美しさに感動して音楽に興味を持つようになり、今では神戸の交響楽団でビオラ奏者として活躍しています。

モーツァルト以外にも、子どものためのクラシック集はたくさん市販されています。

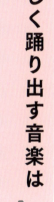

なかでもおすすめを挙げるとすれば、**小鳥や猫や狼などいろんな動物が登場する一大組曲「ピーターと狼」**でしょうか。

音楽に合わせて踊るなら、ＮＨＫのＥテレなどで放送している幼児番組が一番です。子どもでも踊りやすいようにリズムが計算しつくされているし、画面の中では同じ年頃の子どもがたくさん集まって踊っているので、自分もその一員であるような気になってモチベーションが上がります。

歌うなら、昔からの童謡がいいでしょう。

幼児の音域は狭いので、大人向けのポップスなどは無理をして裏声を出さなければ歌えません。その点、童謡はほとんど一オクターブ内におさまるので幼児でも無理なく自然に歌えます。

文化体験

色鉛筆は「24色入り」を用意しよう

絵画的知能

前述のとおり、子どもは生まれながらにして美を理解する力を備えていて、赤ん坊でも良質の美に囲まれて育てられればピカソやモネも理解するようになり、その影響は脳に刻まれ、その後の学力に大いに影響を与えます。ですから子どもの絵画的知能を伸ばすには、家に画集を置くなり、名画を飾るなりするといいでしょう。

絵を選ぶ際は、自分の趣味を重視するよりも、**ゴッホやミレー、マネ、モネ、ルノアール、作品でいえば「モナ・リザ」**といったポピュラーでわかりやすいものを選んでください。音楽的知能を育むためにモーツァルトを聴かせるのと同様、まずは基本を押さえることが大事なのです。私も自宅にはゴッホの「夜のカフェテラス」やミレーの「落ち穂拾い」の複製画を飾っています。

観るだけではなく実際に描くことも大事です。クレヨンでもクーピーでも色鉛筆でも、年齢に合った使いやすい画材で自由に描かせましょう。

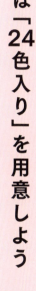

ただしクレヨンや色鉛筆は、少なくとも24色入りを用意してください。一般的な幼稚園では12〜16色入りを買わせることが多いと思いますが、幼いうちからできるだけ多様な色に親しんだほうが、絵画的知能にはプラスになります。子どもは赤、青、黒などわかりやすい色ばかり使うので、中間色なんてあっても無駄だと思うかもしれませんが、日常的にたくさんの色を見ているだけでも効果があるのです。

なお、美術系の習い事をさせるのであれば、幼児の間は水彩画や油絵などに特化した教室よりも、**工作を含めたアート全般を習える教室を選ぶといいでしょう。**ＹｏｕＴｕｂｅ用の動画をつくる習い事なども、バリエーションとしては悪くありませんが、臨界期まではベースをしっかりつくることに専念したほうが学力もうんと伸びてくれるのでおすすめです。

文化体験

子どものおしゃれは「スタンダード」に限る

毎日の着替えも、心がけ次第で「6つの器」を大きくする訓練になります。脱いだ服をハンガーに掛けたり、ハンカチをたたませたりといったことは、空間的知能や絵画的知能につながるので、2~3歳から積極的に取り組ませてください。

それくらいの年になると、着る服を自分で選びたがる子どもも増えると思います。美的感覚を疑いたくなるようなヘンテコな組み合わせを主張してきた場合は、頭ごなしに否定するのでも、なんでもいいから好きにしなさいと全肯定するのでもなく、**「こういう組み合わせのほうがすてきじゃない?」**などと話し合いながら美的センスを育んでいきましょう。

幼稚園や小学校で制服がある場合は、絶対に着崩させないようにしてください。ワイシャツの裾《すそ》は必ずズボンに入れ、スカート丈は規定を守る。型にはめているようですが、型破りというのは型を知っているから破れるのであって、型も知らずにただ好きなようにやっているのは単なる破天荒です。絵画や音楽と同じで、服装も幼児のうちはスタンダードをきちんと守ることが大事なのです。

2歳になったら先割れスプーンは卒業しよう

家庭での生活習慣でとくに大事なのは、食事の際に「お箸」を使うことです。**最近は、先がギザギザになった先割れスプーンばかり使わせるご家庭が増えているようですが、よくない習慣といわざるを得ません。**先割れスプーンは、ご飯をすくうことも、フォークのようにおかずを刺すこともできて便利ではあるものの、それに甘えていいのは2歳まで。2歳を過ぎたらお箸を使う訓練をスタートさせてください。

お箸はスプーンに比べて扱いが難しい分、頭も使うし、手先も器用になります。先述のとおり、臨界期前の幼児は身体的知能と頭のよさがリンクするので、三度の食事で手先の器用さを鍛えていけば、おのずと学力も高くなっていきます。

イギリスの幼稚園には「マニュプレイテッドプレイ」というカテゴリーがあって、手先の器用さを鍛えるために、ビーズ通しや糸通し、紐《ひも》通しなどの遊びを行います。日本にこの遊びが少ないのは、三度の食事でお箸を使っているためでしょう。日常的に手先を使っているから、わざわざそんな科目を設ける必要がないのです。

子どもにお箸を使わせるときは、正しい持ち方もセットで教えましょう。**実はお箸の持ち方と鉛筆の持ち方は同じなので、お箸の持ち方が変だと鉛筆も変になってしまいます。**お箸の持ち方が間違っていても、見た目が悪いくらいでさほど実害はありませんが、鉛筆は正しく持てないと美しい字を書くことができません。だからこそ、お箸の段階から正しい持ち方を教える必要があるのです。

お箸や鉛筆の持ち方を矯正できるのは小学校1年生までといわれているので、それまでになんとしてでも正しい方法を覚えてもらいましょう。

運動体験

「折り紙」は最強の脳トレーニング

日本には、お箸に加えて「折り紙」という最強のマニュプレイテッドプレイがあります。日本人が総じて器用なのは、小さいうちからお箸を使い、折り紙に親しんでいるからだといわれています。色とりどりの紙を丁寧に折りたたんで立体物を創る折り紙は、身体的知能や絵画的知能や空間的知能など、多くの知能の発達に役立ち、学力を一気に拡大させます。

あまりにも身近すぎてありがたみが薄いかもしれませんが、**実は折り紙は、そこらの習い事よりもはるかに「6つの器」を刺激してくれる、最強の遊びのひとつなのです。**

もちろん最初から難しい課題に取り組む必要はありません。3歳児なら、三角を2回折ってチューリップを創ることができたら合格です。そこから徐々にバリエーションを増やしていき、5歳で鶴が折れたら超一人前といっていいでしょう。

競争体験

「作品集」や「コラージュ」を創ろう

毎日のように折り紙やお絵描きをしていると、あっという間に作品がたまっていきます。すべて取っておく必要はありませんが、じょうずにできた作品や、思い出深い作品はピックアップしてスケッチブックに貼り、作品集をつくるといいでしょう。成長ぶりが一目でわかるのでモチベーションが高まるうえ、**過去の自分と作品の出来栄えを競う「競争体験」にもなります。**

作品集づくりに慣れてきたら、ポスターやコラージュの制作にも挑戦してください。折り紙や絵だけではなく、雑誌から切り抜いた写真やイラスト、キャッチコピーなどさまざまな要素を組み合わせて一つの作品にするのです。絵画的知能や空間的知能、言語的知能などを総動員する、とてもいい体験になります。

79ページで紹介した東大推薦合格のSさんもコラージュづくりが大得意で、家族の誕生日には、お祝いのメッセージを散りばめたカードやポスターを毎年贈っていたそうです。

コラージュやポスターをつくるということは、頭の中の考えを整理してビジュアル化するということです。幼児期の育脳・学力向上に有用なだけではなく、マインドマッピングにも通じるものがあり、将来にわたって役立つスキルになると思います。

自然体験

ごっこ遊びには「2種類」あることを知っていますか？

多重知能全般

子どもの遊びの定番である「ごっこ遊び」には2種類あります。ひとつは、お店屋さんごっこや乗り物ごっこ、おままごとのように、**現実の世界を模倣するごっこ遊び。**もうひとつは、お姫様や海賊などおとぎ話の主人公になりきる、**空想の世界のごっこ**

遊び（劇遊び）です。

現実世界のごっこ遊びは、子どもの**「社会性」を育む遊び**といえます。お店に行って見聞きしたことや、病院へ行ったときの看護師さんの様子、家でのお父さんお母さんの言動などを観察し、模倣することで、社会の中でのふるまいを身につけていくのです。

現実世界のごっこ遊びでは、参加者全員が共通のイメージを持つことが重要になります。ところが幼い子ども同士で遊ばせると、ごっこ遊びの共通のイメージに参加できず、みんながお店屋さんごっこをしようとしているのに、一人だけポケモンごっこを始めるような子がいます。あるいは、同じお店屋さんごっこでも、子どもたちはそれぞれ行っている店が違うので、Aちゃんが考えるケーキ屋さんと、Bちゃんがイメージするケーキ屋さんでは形態が異なり、コンセンサスを得るまでに相当な話し合いが必要になるケースもあります。

その点、家族ならそうした擦り合わせは必要ありません。同じ体験を共有しているから共通のイメージを持ちやすく、瞬時に「ごっこ世界」を構築することができます。

だから子どもはお母さんとごっこ遊びをするのが大好きです。友だちと一緒もいいけれど、お母さんと二人だけのごっこ遊びもまた子どもにはとても楽しい時間なので、できるだけつき合ってあげてください。

一方、空想世界のごっこ遊び（劇遊び）は、**「イマジネーション」を育む遊び**といえます。動物になったりシンデレラになったり、ストーリーをつくりながら役割を演じるなかで、子どもたちは創造性を育んでいくのです。

おもしろいことに、幼稚園での劇遊びを見ていると、子どもたちは往々にして自分とは正反対の役柄を演じたがります。身体の大きいジャイアンタイプの子が赤ちゃんや子犬になりたがったり、身体が小さくてクラスの中で立場が弱い子ほど海賊の親分になりたがったりするのです。**これは、日ごろ抱えている力関係から解放されたいという欲求の表れです。**

ご家庭でも同じだと思います。長男でいつも「お兄ちゃんなんだから」とガマンさせられている子は、小人になったり、子猫になったりしてお母さんにかわいがってもらおうとするし、日ごろからお兄ちゃんに圧力をかけられている弟は、悪魔大王になってみんなを力で支配しようとする。角度を変えて考えれば、子どもが演じたがる役柄によって、その子が何に飢えているかを察することもできるのです。

自然体験

ごっこ遊びは「小道具」が命

多重知能全般

ごっこ遊びは、「6つの器」すべてを伸ばすことができる「総合遊び」です。役柄になりきって会話をすることで**言語的知能**が、お店屋さんでモノやお金をやり取りすることで**論理数学的知能**が、歌やBGMを取り入れれば**音楽的知能**が、小道具を自作することで**絵画的知能**が、室内をお店やお城に見立ててふるまうことで**空間的知能**が、キャラクターを身体全体で表現することで**身体的知能**が育まれます。

このすばらしいごっこ遊びを盛り上げるために不可欠なのが「小道具」です。古い洋服やタオルを腰に巻くだけでお姫様気分になれるし、お魚やハンバーグがあればお店屋さんごっこがさらにリアルになります。

小道具づくりは絵画的知能につながるので、できれば自作させたいところですが、3歳くらいまでは技術も未熟なので、親が手伝ってあげる必要があります。小道具にリアリティがないと子どもはつまらなく感じ、ごっこ遊びが続かなくなってしまいます。

4歳になるころには、手先もだいぶ器用になるので、簡単な小道具なら自分で作りたがるようになるでしょう。そして5歳になったら、作れるものは全部自分で作らせる。親が手出しするのは、凝った衣装を作るときくらいで十分です。

競争体験

児童会やイベントで「オーディション」を経験させる

多重知能全般

感動を生み出す4つの体験――自然体験、文化体験、運動体験、競争体験のうち、家庭内でなかなか実現しにくいのが競争体験です。きょうだいがいれば自然と競争が起きるでしょうが、一人っ子ではそうはいきません。また、たとえきょうだいがいたとしても、親がきょうだい同士の競争を過剰にあおるのはNGです。競争の機会をつくるなら、その相手は外で見つけてください。

もっとも望ましいのは、学級委員長を決める選挙や、劇の主役のオーディションなどに参加することです。本人の得意分野でそうしたチャンスがあれば、立候補をすすめてみてください。もちろん強制はできませんが、少なくとも、本人がやる気になっているのに「そんなのやめておけば」などと水を差すことをしてはいけません。

落選して傷ついたらかわいそうだと考えるのは間違っています。**実は、オーディションではむしろ落ちることに意義がある。**合格した喜びも立派な感動体験ではありますが、それ以上に、子どものうちから挫折《ざせつ》を経験することが大事なのです。困難に打ち勝つ力は、挫折という感動体験から生まれるからです。

それに、子どもはまったく勝算がない勝負には出ようとしないものです。誰の演技がうまいか、誰が級長にふさわしいかは、子どもたちはみんなわかっています。まったく見込みがないのに応募して傷つくような子はいません。子どもが立候補するというなら、ある程度の勝算があるはずだし、たとえ負けても「あいつになら負けても仕方がない」と納得して立ち直っていくので、親は過剰に心配せず見守ってあげればいいのです。

リーダータイプではない引っ込み思案の子どもにも、いつかはそうした競争にチャレンジしてほしいと思いますが、**本人にその気がないのなら、まずは「過去の自分」と競争してもらうのがいいでしょう。**たとえば、きのうは掃除に10分かかったけれど、きょうは9分で終わらせることができたなら、その1分の勝利をほめてあげるのです。

競争体験

自由研究で「コンテスト」に応募しよう

多重知能全般

夏休みの自由研究のテーマはどうやって決めていますか？

子どもが好きなジャンルがはっきりしていて「僕は昆虫採集をやる！」といった意

思表示があるならそれが一番ですが、やりたいことが決まっていなかったり、興味の幅が広すぎて絞り切れなかったりすることもあると思います。

そんなときは、自由研究で応募できるコンテスト一覧の中からテーマを探すといいでしょう。 学校に提出する自由研究の宿題を、そのままコンテストの応募作品にすることができるので、手軽に競争体験を積ませることができます。どんなコンテストがあるかは、インターネットで簡単に探せます。

ただし、親がやっていいのは「こんなコンテストがあるよ」と情報を教えてあげるところまでです。親が勝手にジャンルやテーマを決めたりしては、せっかくの自由研究が自由でなくなってしまうし、押しつけられた舞台では、競争の喜びや悔しさを存分に味わうこともできません。

成績が伸びなくなったら「大チャンス」だと思いなさい

ここまで述べてきたように、**4つの「感動体験」を積んで「6つの器」をまんべんなく伸ばした子どもは、間違いなく学校の成績も上がっていきます。**塾に通っていないのに成績がトップクラスの子どもは、例外なく「6つの器」が大きい子どもです。

しかし、そんな子どもでも、一時的に成績が伸び悩んだり、ガクッと落ちてしまうことがあります。多くの場合、それは10歳前後――つまり臨界期が終わった直後におとずれます。

実は、リリーベール小学校の子どもたちもそうなのです。

プロローグでも述べたように、リリーベール小学校では入学時の偏差値は平均50程度ですが、6年生になると平均63~64になります。ただし、右肩上がりで伸び続けるのではなく、**だいたい5年生で一度ガクッと落ち、その後、6年生でV字回復するのです。**

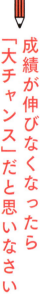

児童の偏差値の推移

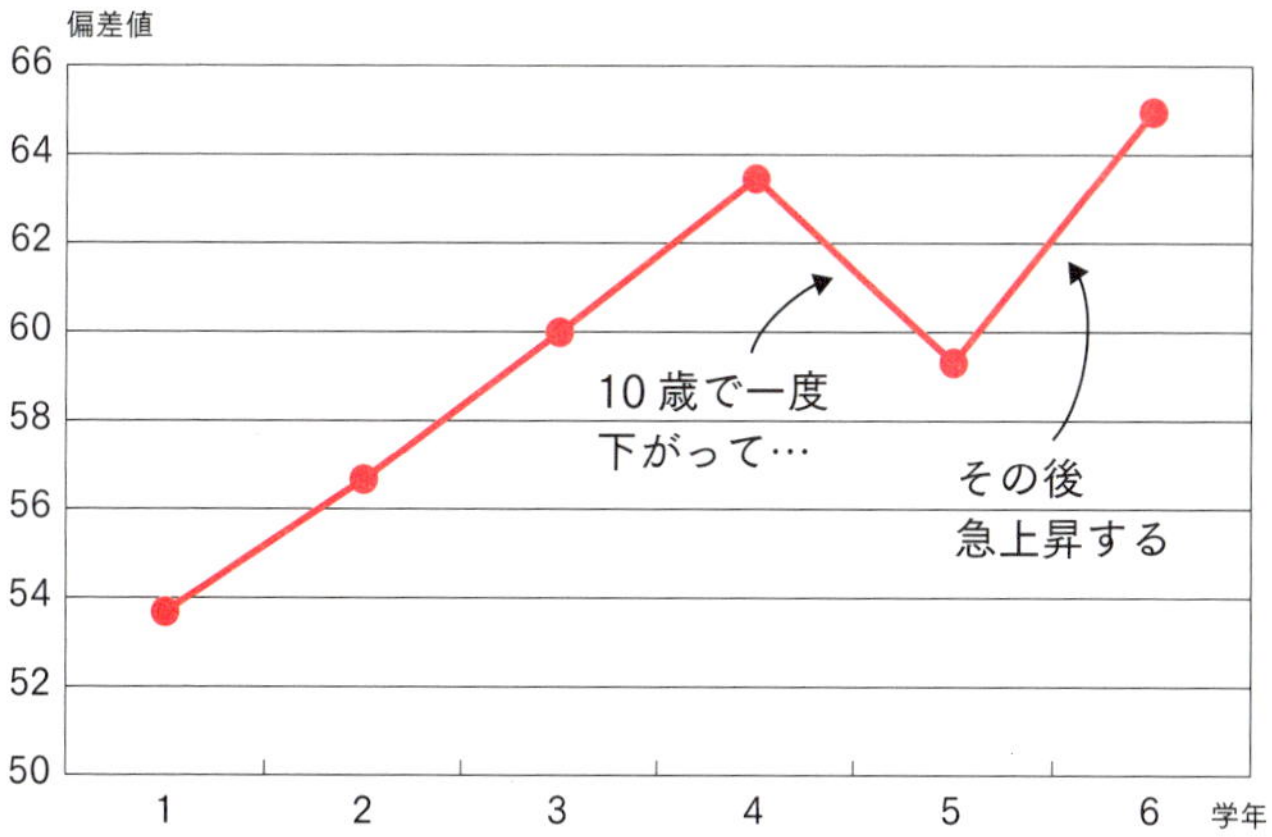

この現象を私たちは、子どもたちが無事に臨界期を通過したサインだと捉えています。リリーベール小学校では、9歳（4年生）までは「6つの器」を伸ばすための体験型育脳教育に注力し、10歳（5年生）からは座学で理論を学ぶスタイルに徐々にシフトしていきます。その変化に慣れるまで、一時的に成績が停滞することがあるのです。

臨界期まで体験型の育脳教育に力を入れていたご家庭のお子さんなら、10歳前後で成績が落ちるのはむしろ当たり前のことといえます。やきもきするかもしれませんが、10歳までに「6つの器」を育んできた子はすぐに盛り返すので、あわてる必要はありません。

臨界期が終わった子どもは、しだいに「理論」を好むようになる

臨界期が終わると、子どもは思春期へと突入していきます。小学校4年生と5年生とでは、1学年違うだけで中身はまったく違うといってもいいくらいです。

たとえば臨界期までの幼児は反復練習が大好きです。それは、脳がどんどん知識を増やしたいと求めているからです。もともと記憶は一夜漬けよりもコツコツ反復したほうが定着するようにできています。幼児は脳が急成長する時期だからなおさら、知識を吸収しやすい反復練習に「快感」を覚える「チャンスタイム」なのです。

反対に10歳を超えると、反復練習よりも「論理的な思考」を好むようになります。抽象的な概念を理解できるようになるため、同じことのくり返しでは満足できなくな

るのです。

こうした変化を踏まえ、家庭での教育も変えていく必要があります。9歳までは「6つの器」を大きくするための体験学習が中心でしたが、10歳以降は、論理的な部分を伸ばすため座学の学習に切り替えていくのです。

学習塾に通わせるのも10歳以降ならOKです。**9歳までの子どもは机上の学びを好まないので塾通いはあまり意味がありません。**でも、10歳を過ぎれば塾の勉強も楽しめるようになっていきます。

逆に、10歳まで続けても一定の成果が出なかった習い事などは、子どもがやめたいと言うのであれば、もうやめさせても構いません。10歳くらいまでは、急に才能が開花することがあるので、あまり向いていないようでもだましだまし続けたほうがいいこともありますが、10歳までやってダメなら、もう遺伝的に向いていないと判断してもいいでしょう。

勉強面以外にもとびきり大事なことが一つあります。**それは親としての接し方も変えていかなければいけない、ということです。**いつまでも子ども扱いせず、「一人前の人間」として扱うのです。

幼児のうちは記憶も続かないのでだましがききますが、10歳にもなると親の言葉をしっかり覚えていて「この間と言っていることが違う！」などと論理的に反論してくるようになります。臨界期以降は、子どもだましが通用しなくなることも心にとめておきましょう。

いつまでも子どもだましをしていると、子どもは「やる気」も「伸びしろ」も失います。せっかく「6つの器」を大きくしても、そのあとの「知識を積み上げていく力（＝人間性知能）」が身につかないため、学力はすぐに頭打ちになってしまうのです。

第4章

「人間性知能」も育てて「心の強さ」も一流にしよう

ノーベル賞受賞者・ヘックマン教授が唱えた「非認知的能力」の重要性

多重知能すなわち「脳の器」は、臨界期である9歳を過ぎたらもう伸ばすことはできません。9歳までに4つの体験（文化・競争・運動・自然体験）を通じてめいっぱい「6つの器」を大きくしたら、9歳以降はその器にご飯を盛っていく番です。

実は、ここに盛ったご飯の量こそが最終的な「学力」に相当します。いくら器が大きくても中身が空っぽでは、学力が高いとはいえません。

ご飯をたくさん盛るためには、器そのものの大きさに加えて**「ご飯を盛る力」**が必要になります。この力を私は、「その人自身が生きていくうえで大事な知能」という意味を込めて**「人間性知能」**と呼んでいます。

人間性知能は、脳の視点からいえば、もともと「プログラムされていない」知能になりますが、大きくわけるとたった二つしかありません。

それは「やり抜く力」と「コミュニケーション能力」です。

人間性知能＝「やり抜く力」＋「コミュニケーション能力」

「6つの器」は、わかりやすく言えば学力の基礎となる力を育てるものであり、その子の才能の「もと」になるものでした。
しかし、いくら基礎学力があったとしても、自ら学び、課題を解決していくことで知識を「積み重ね」ていかなければ新しい学力は増えていきません。その「積み重ねる力」を左右するのが、先ほどの「やり抜く力」と「コミュニケーション能力」なのです。

「やり抜く力」は文字どおり、学習をとことん深め、最後までやり抜く力です。自信や意欲や忍耐力、自制心、失敗から立ち直る力、創造力、好奇心などの元になります。
一方の「コミュニケーション能力」はリーダーシップなどの元になり、課題を発見してそれをほかの人と力を合わせて解決していく力となります。社会性、協調性、共感性といった人間社会で生き抜くために必須の要素となります。

10歳からはこの二つの力を伸ばす学習に切り替えればいいのです。

やり抜く力がなければ途中で諦め、知識や学力を積み上げていくことはできません。一方、コミュニケーション能力がないと新しい知識やほかの人との化学反応に出会う機会を失うため、やはり大きな伸びは期待できない子に育ってしまいます。


人間性知能は、生まれつきの性格・性質のように言われがちですが、れっきとした知能の一種であり、「6つの器」と同じように訓練によって伸ばすことができます。ただし、「6つの器」とは「伸ばす時期」と「伸ばす方法」が異なるため、区別して考える必要があるのです。


「6つの器」は、数字で測ることができます。数学60点、英検1級、100メートル走12秒というようにほとんどが数値化できます。

対する人間性知能は、思いやる心は何点だとか、自制心はどれだけあるかだとか、数値であらわすことはできません。

世の中では、偏差値などにあらわせる能力ばかり注目されがちですが、人が幸せになるためには「人間性知能」を伸ばすことも重要です。**2000年にノーベル経済学賞を受賞したジェームズ・ヘックマン教授も、忍耐強さや自己抑制力、良心といった「人間性知能（非認知的知能と呼ばれることもある）」こそが一生の学歴、年収、雇用、労働の成果を決めると言っています。**

人間性知能を伸ばすことで、その後の学力を一気に伸ばしていけるのです。

「やり抜く力」が最後の「のびしろ」を決定する

第1章で、高校時代の友人Ｉ君の話をご紹介しました。「6つの器」（多重知能）は大きかったものの、人間性知能が身についていなかったために、おそらく人生の後半で苦労したであろう人物です。

同じく高校時代に親しくつき合っていた友人Ｗ君は、Ｉ君とは正反対のタイプでした。W君は医者の息子で、小さいころから「医学部に進学しなければ」というプレッシャーを感じながら塾通いをしていました。そのためか、彼は脳の器が育ちきらず、よく勉強する男ではあったものの、目から鼻に抜けるタイプではありませんでした。失礼な言い方になりますが、要領が悪いのです。

しかし、それでもW君は大成しました。

某有名私大の医学部教授となり、難病研究の権威としてNHKの『クローズアップ現代』でも取り上げられるほどの人物になりました。

W君が大成したのは、学力を積み上げていく「人間性知能」がきわめて高かったからです。脳の器は決して大きくなかったため、ご飯を盛るのは苦労したかもしれません。でも、彼はくじけずにコツコツ取り組み、小さな器に山盛りのご飯を盛りつけることに成功したのです。

ペンシルベニア大学心理学教授のアンジェラ・ダックワース氏も、著書『やり抜く力GRIT』（ダイヤモンド社）の中で、人々が成功して偉業を達成するには「才能」よりも「やり抜く力」が重要であると述べています。W君はまさに、才能には乏しかつたけれどコツコツと努力を継続し、やり抜いたことで、成功を手に入れたのです。

とはいえ、才能＝脳の器は大きいに越したことはありません。もしもW君が器の大きさと人間性知能を兼ね備えていたら、勉強に割く時間はずっと少なくて済み、より有意義で楽しい高校時代を過ごせたことでしょう。

「マシュマロを食べてしまう子」に育ててはいけない

「マシュマロ・テスト」という、幼児教育の世界ではとてもよく知られた実験があります。

4歳の子どもを机と椅子だけの部屋に通し、机に座るように言います。机の上にはマシュマロが一つ載った皿があり、「私はちょっと出かけるけど、私が戻るまでマシュマロを食べてはいけないよ。我慢できたら、あとでマシュマロをもう一つあげるからね。でも、食べちゃったら二つ目はナシだよ」と伝えて部屋を出る。そして一人にされた子どものふるまいを隠しカメラで観察する、というものです。

4歳の子ども186人に対してこの実験を行ったところ、マシュマロを食べずに我慢できたのは全体の3分の1くらいでした。そして、このときマシュマロを食べなかった子どもたちは、食べた子どもたちに比べてより優秀であり、大学進学適性試験の点数には、平均210ポイントもの相違が認められたというのです。

この実験は、幼児期における自制心がいかに大事かを物語っています。自制心とは、人間性知能のひとつ「やり抜く力」にも直結します。

では、家庭で我慢する力をつけさせるにはどうすればいいのでしょうか？

口先で「我慢しなさい」と言うだけでは、ほとんど意味はありません。なぜなら、我慢する力は、みんなで我慢することで養われるからです。「あなた一人だけ我慢しなさい」と言われても、子どもにはできないのです。

だから家庭で子どもに何か我慢させていたなら、お父さんやお母さんも一緒に何かを我慢してください。

「お父さんも今日はスマホでゲームをするのを我慢するから、〇〇ちゃんもテレビを観るのを我慢しようね」

「お母さんも好き嫌いしないから、〇〇ちゃんもお野菜全部食べようね」

このように働きかければ、子どもも自然と我慢を覚えていきます。

リーダーを経験することで、人間性知能は20歳まで伸びる

「6つの器」は、脳を揺さぶる「4つの体験」によって伸びていきますが、人間性知能を伸ばすにはそれとはまったく違うアプローチが必要になります。

いくつかある方法のうち、もっとも効果が大きいのは「役割」を与えることです。家庭でも学校でも、幼児のうちは周囲に守られお世話をしてもらう立場ですが、年齢を重ねるにつれて「家庭での役割」や「学校での役割」を担うようになります。これが人間性知能に一番効くのです。

脳の可塑性、つまり「柔軟に変化できる力」は20代前半までは残っているといわれています。「6つの器」は9歳で頭打ちになってしまいますが、うまくできているもので、ちょうどそのころから人は集団の中でさまざまな「役割」を担うようになります。

児童会のメンバーになったり、部活でキャプテンになったりするのは、臨界期を過ぎた小学校5〜6年生からでしょう。さらに中学生以降は、生徒会や部活に加えて体育祭・文化祭の実行委員など、リーダーを経験できる機会はさらに広がり、その傾向は大学卒業まで続きます。

もちろんリーダーばかりが役割ではありません。**たとえトップに立てなかったとしても、フォロワーとしてリーダーを支えるのも大切な役割といえます。**

臨界期以降の人生において、学力が一気に伸びたり、反対に停滞したりするのは、こうしたさまざまな役割を担う機会が増えることで人間性知能に圧倒的な差がついていくからなのです。

まずは「新聞係」から始めよう

人間性知能は20歳前半まで伸ばせるため、まずは、9歳で臨界期を迎えてしまう「6つの器」を優先的に鍛えようというのが幼児教育の鉄則です。**とはいえ、9歳までは人間性知能を放置していいというわけでもありません。**10歳になっていきなり「我慢しましょう」「人と仲良くしましょう」と言われても、できるわけがないからです。イメージとして、9歳までは多重知能を意識し、人間性知能は躾《しつけ》と一緒に伸ばすくらいの意識で伸ばしていくのがいいでしょう。

幼児期の人間性知能は、家庭内で役割を与えられることで伸びていきます。幼稚園児なら「毎朝新聞を取ってくる係」、小学校にあがったら「食事を運ぶ係」「おふろ掃除係」など年齢に応じた役割をつくり、数か月〜1年くらい継続的にやらせましょう。

ポイントは、約束した期間は必ず続けさせること。そして、見事やり遂げることができたら、その頑張りを評価することです。これにより子どもは達成の喜びを感じ、ものごとをやり抜くことの尊さを学んでいきます。

このほか幼児のうちは「3人以上の友達」と遊ぶだけでも、人間性知能を伸ばすことができます。子どもが3人集まれば、お砂遊びをするのでも「僕はこっちの穴を掘るから、君は水を汲んできて」というように「役割」を分担しながら遊ぶからです。これが5歳くらいになると10人ほどの大人数グループでも遊べるようになりますが、3〜4歳のうちはまず「3人以上」で遊べるようになることをめざしましょう。

なぜ2人ではなく3人以上がいいかというと、コミュニケーションを取る人数が3人以上になると、**ある種のグレーゾーンが生まれる**からです。友達同士で意見が対立したとき、賛成、反対だけではなく「どっちでもいい」と言う子が出てくる。一般の社会でも、白か黒ではなくグレーというのはよくあることなので、そうした意見があることを知るだけでも、子どもの知能にとってはいい勉強になるのです。

遊びの種類でいえば、人間性知能を伸ばすには「ごっこ遊び」が一番です。お店屋さんごっこなどは、現実世界での「役割」を模倣する遊びだからです。

本なら「偉人伝」、テレビなら「バラエティ番組」

役割を与える以外にも、人間性知能を伸ばす方法はいくつかあります。

たとえば「偉人伝」には、偉人の功績だけではなく、その人が何に苦労し、どうやって乗り越えてきたかというエピソードが必ず盛り込まれています。そうしたお話を読むことで、子どもは困難に立ち向かい、ものごとを成し遂げる方法を学んでいきます。**ですから子どもが字を覚えたら、ぜひ偉人伝をシリーズで買い揃《そろ》えてください。**

図鑑が「6つの器」を刺激するように、偉人伝は「やり抜く力」と「コミュニケーション能力」の土台となってくれるでしょう。

親子でテレビを観るならバラエティ番組がおすすめです。老若男女、いろんなタイプの人間が出演し、それぞれの意見を述べるからです。

昔は同じ家におじいちゃん、おばあちゃん、父母にきょうだい4人というように大家族で暮らしていたので、自然といろんな人がいろんな意見を表明する場面に立ち会い、世の中にはさまざまな立場があることを理解できました。しかし核家族化が進んだ現在、両親と子一人のような環境では、なかなか多様な人生に触れる機会がありません。バラエティ番組は、それを補ってくれるのです。

親からするとちょっとばからしいと思うような番組でも、他人の立場を理解するという意味では、将来の学力向上に大いに効果がありますので、たまには見せてあげるといいでしょう。

受験のために部活をやめて、成績が上がった子はいない

高校受験、あるいは大学受験の年になると、勉強に専念するために部活をやめたいと申し出る子が必ず出てきます。**しかし、それで成績が上がることはまずありません。これは教育界の常識です。**

理由は二つあります。

一つ目は、部活をやめて毎日勉強するかといえば、そんなことはないからです。今まで部活をしていた時間がぽっかり空くと、つい友達と遊びに行ったりゲームをしてしまったりして、勉強時間は変わらない。それなら部活を続けていたほうがマシだったね、ということになります。

二つ目の理由は、部活をやめるということは、人間性知能を伸ばす絶好のチャンスを放棄することでもあるからです。スポーツ系だろうが文化系だろうが、部活では特

定の技能を磨いているだけではなく、立場に応じてふるまうことで「コミュニケーション能力」を、練習に欠かさず参加することで「粘り強さ」を磨いています。それなのに部活をやめてしまったら、受験勉強をコツコツやり抜くこともできなくなってしまうかもしれません。

受験のために部活をやめるのは、本人以上に親の意向が強い場合もあります。それは、親が子どもの人間性知能の発達を阻害しているようなものです。

子どもに「部活をやめなさい」なんて言わないでほしいのはもちろん、子ども自身が「やめたい」と言い出したとしても、できるだけ両立することをすすめてほしいと思います。

学校から帰ったら、「おやつ」を食べて宿題をやろう

あなたは、学校の宿題はなんのためにあると思いますか？

学力をつけるためではありません。学力よりもはるかに大事なコツコツやり抜く力、すなわち人間性知能を身につけるためです。そのためにリリーベール小学校でも、毎日欠かさず「学年×15分」の宿題を課しています。

宿題を最高の育脳ツールにするためには、「帰宅後すぐに宿題をやる」ことをルール化し、徹底的に守らせることが大事です。学校から帰ったら必ず宿題をやることが習慣化すれば、親がいちいち「宿題は！」などと言わなくても、子どもは自動的に机に向かうようになります。こうした習慣は幼児のうちからつけていくことが大事で、思春期になってからでは誘惑も増えるので習慣化は難しくなります。

なお、帰宅後すぐといっても、宿題前におやつを食べるのはOKです。量としては、**おせんべい1枚と牛乳1杯**くらいがいいでしょう。お腹がすいた状態では集中できな

いし、かといってお腹いっぱい食べると眠くなってしまうからです。
夏休みの宿題に関しては、最初の数日でバーッと終わらせる方法が推奨されることもありますが、私はおすすめしません。ふだんの日と同じように、毎日コツコツ少しずつ取り組むようにしてください。
脳研究者である池谷裕二氏の『脳には妙なクセがある』（扶桑社）にも、次のように書かれています。

「学習を2日に分けて2回行うやり方ＤＬ（Distributed Learning＝分散学習）と1日にまとめて一気に行うＭＬ（Massed Learning＝集中学習）では、学習直後には60点で差はなかったが、翌日に再テストをやると、ＭＬが20点と昨日の3分の1になったのに対して、ＤＬでは30点と半減するにとどまった。長期的な観点から脳回路により強く痕跡《こんせき》を残すのは分散学習（コツコツ型）がよい」

夏休みの宿題をやる時間帯は、午前中だと覚えてください。比較的涼しいという理由に加え、子どもは起床してから3時間後くらいがもっとも脳が活性化するゴールデンタイムなので、この時間を有効に活用してほしいと思います。

「場を読む力」がない疑似発達障害は、育て方が原因

いま、発達障害が増えているといわれています。文部科学省の発表では、発達障害の児童は全体の6・5パーセントということですが、現場の先生たちからは「10パーセントはいるのでは」という声が多く聞かれます。

その差3・5パーセントは、おそらく「疑似発達障害」なのだと思われます。

発達障害は、コミュニケーション能力に難があり、ものごとに強いこだわりを持つ「自閉症スペクトラム」と、落ち着きがなく衝動的に行動してしまう「ADHD（注意欠陥・多動性障害）」に大別できます。いずれも先天的な脳の機能障害によるものであって、療育などによって多少改善することはあっても、完治はできないと考えら

れています。

一方の「疑似発達障害」は、親の育て方や生活習慣が原因で起こります。極端な例を挙げれば、日常的に暴力を受けたり、ネグレクトにあったりした子どもは自己防衛のために心を閉ざしてしまう。もしくは、日々の食事が偏っていたり睡眠が不安定だったりする。その結果として、自閉症スペクトラムなどに似た症状があらわれるのです。

疑似発達障害は、臨界期までなら改善することができます。

そのためには、まず母子関係を安定させる必要があります。母子関係が不安定になる原因は、多くの場合、母親の育児スキルが低いか、愛情がないかのどちらかです。愛情はあるが育児スキルが低く、接し方がわからないという方は、本章を参考に人間性知能を高める習慣を実践してください。**コミュニケーション能力とやり抜く力が高まれば、疑似発達障害は必ず改善します。**

生活を是正しただけで、1か月で改善した子もいるくらいです。

子どもに愛情が持てない人は（残念ながらそういう人は一定数いらっしゃいます）、この際、演技でも構いません。子どものために愛情深い母親を演じつつ、人間性知能を伸ばす努力をしてください。

いずれにしても、疑似発達障害は10歳を超えたら治るのが困難になります。本当の発達障害の子と同じように、生涯つき合っていくことになります。

「運動会」や「文化祭」より「農村体験」をさせろ

リリーベール小学校では、体験型の行事に力を入れています。運動会やクリスマス・アッセンブリー（演劇祭）などユニークで楽しい行事が目白押しのなか、卒業生たちが「もっとも印象に残っている！」と口を揃えるのが、4年生で参加する**「農村体験」**です。

農村体験では、茨城県大子《だいご》町《まち》などの農村を訪れ、5〜6名のグループごとに地元農家に3日間民泊させてもらいながら、農業体験や家事手伝いなどを行います。ご協力いただく家庭は、ほとんどが高齢のおじいちゃん、おばあちゃんのいる家庭で、農業や酪農で生計を立てています。

自然とのふれあいや野菜の生産・収穫など、五感を刺激する体験も多く含まれているので、一見するとキャンプと同じように「6つの器」を伸ばすための行事のようですが、最大の狙《ねら》いは人間性知能――とくに「コミュニケーション能力」の養成です。行事企画書にも、この行事の目的は「協調とチームワーク」を育むことであると明記しています。

初対面の高齢者の家に泊まるのは、大人でも相当気を遣うシチュエーションです。それを子どもが、数人の仲間と一緒とはいえ、引率の先生とも離れて子どもだけでやってのけるのですから、そのインパクトは計り知れません。

子どもたちは、初日こそ緊張や人見知りが見られるものの、共同作業を通じてだんだん老夫婦との距離を縮め、最終日にお別れするときには寂しくて号泣する子も続出するほど仲良くなっています。**たった3日間で、それだけの人間関係を育む力があるのです。**

こうした農村での民泊ツアーは一般向けにもたくさん開催されています。インターネットで「農業体験」と検索すれば出てきますので、調べてみてください。知らない土地で、知らない人の家に泊まって共同作業を行うことは、子どもの人間性知能に間違いなくいい影響をもたらしてくれるでしょう。

誕生日を「イニシエーション」のチャンスにする

あなたのご家庭では、子どもの誕生日にどんなことをやっていますか？

プレゼントを用意して、みんなでハッピーバースデーを歌って、ケーキとごちそうを食べて……。それだけでも子どもにとっては楽しい思い出になるでしょうが、プラスアルファとして**「年齢とビジョンの宣言」**をさせれば、誕生会が立派な**「イニシエーション」**に変身します。

イニシエーションとは、社会の一員として認められるための儀式のことです。また、まわりに認められるだけではなく、自分自身の自覚を促す意味もあり、人間性知能の発達を助ける力を持っています。ところが最近は、家庭の内外を問わずイニシエーションの機会が激減しています。

たとえば結婚式を挙げない若者もそうですね。結婚式なんかにお金をかけるのはばかばかしいというのが彼らの言い分ですが、結婚式とは本来、自分たちの結婚を内外に宣言するとともに、自分は結婚したのだという自覚を持つためのイニシエーションです。

これはとても大事なことで、子どもでも「僕はきょう6歳になりました。今年はサッカーを頑張ります」と誓うだけで、6歳の自分としての自覚が生まれます。漠然とサッカーを頑張ろうと思っているよりも、誕生日という大事な日に口に出して宣言することで、より「頑張ろう！」という気持ちが強まります。これが人間性知能のひとつである「やり抜く力」を育み、学力を向上させていくのです。

人間性知能が低い子を見ていると、やはり家庭内でのイニシエーションが少ないよ

うに思えます。誕生日をはじめ、七五三、お盆、お彼岸、お月見、節句など、イニシエーションはなるべく多く持つように心がけましょう。

といっても、特別なことをする必要はありません。お盆なら、お墓参りに行ってご先祖様に手を合わせる。それだけで「自分は〇〇家の一員なのだ」「ご先祖様を大切にしよう」といった社会の一員としての自覚が育まれます。

「トップの悩み」を経験させることで、人格の深みを醸成させる

先進国と開発途上国では、教育に対する考え方が大きく異なります。開発途上国では「みんなが字を読めるように」といったボトムアップ教育が中心ですが、欧米の成熟した社会では、優れたリーダーを育てるプルアップ教育が重視されます。ビル・ゲイツやマーク・ザッカーバーグのようなリーダーを育て、企業を起こし、雇用を増や

し、税金を払い、社会を引っ張ってもらおうという作戦を取っているわけです。

これまでは「みんな横並びでいい」という意識が強くあった日本も、それではグローバル競争に勝てないので、遅ればせながら、今後は欧米的なプルアップ教育の比重が高まっていくことでしょう。

こうした時代の要請を受け、リリーベール小学校ではリーダーシップ教育を積極的に展開しています。

保護者の方からはときどき「うちの子はリーダーにさせたくない」という声が寄せられることもありますが、**それはリーダーを「ボス」と勘違いしているからではないかと思います。**ボスは世襲の親分であり、決していいものではないけれど、リーダーは方向を示す人であり、なおかつ時期がくれば交代する、社会の機能の一つです。

しかもリーダーの経験は、人間性知能を大きく育みます。数ある役割のなかでもリーダーは別格です。それは、リーダーには「トップの悩み」がつきものだからです。

たとえば児童会会長に選ばれた子は、ほぼ例外なく「みんなが思うように動いてくれない」という壁にぶち当たります。子どもにとっては深刻な悩みですが、投票で選ばれたからには放り出すわけにもいかず、悩みと真正面から向き合うしかありません。

そこで彼らは「みんなが動いてくれないのはなぜか?」と考えます。すると、「自分が率先してやっていないからでは?」「人には静かにしましょうと言っておきながら、自分はおしゃべりをしていたからでは?」など、いろいろなことに気づきます。自分には何が欠けていて、どこを改善する必要があるのか、子どもなりに自問自答を重ね、さまざまなことを発見します。そして、悩みくじけそうになりながらも任期をまっとうするころには、見違えるほどの成長を遂げるのです。

また、リーダーの任期が終わって一フォロワーになってからも、トップの悩みがわかるだけに、それとなくリーダーをサポートしたり、静かにできない集団をなだめたりといったサポートができるようになります。これは、対人関係の悩みを乗り越え、ワンランク上のコミュニケーション能力を手に入れた証しです。

お子さんがリーダーになりたいと言ったら、どうか応援してあげてください。間違っても「うちの子はリーダー向きでない」などと勝手に判断してはいけません。

リーダーシップとは天性のものではなく、本人が自覚したときに生まれるものです。天性のリーダーのような人ももちろんいますが、アメリカでは**「消極的な人のほうが慎重にものごとを進めるのでリーダーに向いている」**という研究もあります。消極的な人、積極的な人、明るい人、物静かな人など、どんな人でもその人なりのやり方でよいリーダーになることができるのです。

家庭のリーダーは「強権的」なほうがいい

学校でリーダーを経験するようになる子どもも、家に帰ればフォロワーであり、家庭のリーダーであるお父さん（もしくはお母さん）に従うことになります。少々横道にそれますが、家庭内でのリーダーシップについても述べておきたいと思います。

まず知っていただきたいのは、リーダーシップのあり方には3種類あり、フォロワーの成熟度に応じて変える必要があるということです。

《成熟度・初級》

フォロワーが未熟な集団では、リーダーは強権的であるべきです。「目標はこうだ、やり方はこれだ」とリーダーが独断で決めて仕切っていかないと、組織がうまく回らないからです。

《成熟度・中級》

フォロワーがそれなりに成熟している集団では、リーダーは目標を示して、「この目標を達成するためにはどうすればいいか、方法はみんなで考えよう」と、民主的な運営にしたほうがうまくいきます。一般的な会社や集団はこれに当たるでしょう。

《成熟度・上級》

さらに高レベルなフォロワーを統率するときは、目標さえもみんなで考えます。世界レベルの研究所や匠《たくみ》の集団などでは、こうしたタイプのリーダーでなければ受け入れられません。

私自身、リリーベール小学校および附属幼稚園をはじめ14の組織をたばねる立場におりますが、各組織のレベルに応じてリーダーシップは意識的に切り替えています。

かつて新人の先生が多い幼稚園では「運動会の曲はこれで、進行はこうで……」と強権的に決めてきましたが、ベテランが多い組織では、目標だけ示して細かなやり方はすべて現場に一任しています。

これを踏まえ、家庭内でのリーダーシップはどうあるべきかといえば、フォロワーである子どもが幼児のうちは「親の言うことを聞きなさい」という**「強権的リーダーシップ」**を選択すべきです。

ときには子ども自身に考えさせたり、選ばせたりすることも必要かもしれませんが、いつもいつも「○○ちゃん、どうしたい？」「○○ちゃんは何を食べたいの？」と子どもの意見ばかり聞いていたら、間違いなくわがままな子に育ちます。

ところが日本では、小さいうちはホレホレと甘やかすくせに、中学生くらいになると急に校則や門限を持ち出して厳しくしばりつけるという、正反対の教育が行われています。

これはリーダーシップの観点からも大いに間違っています。小さいうちは規範意識をしっかりと身につけさせ、10歳以降はある程度の自由を許して自主性を育んでいくのが本来のあり方です。

卒業生が進学先で学級委員長になる割合は、驚異の9割！

リーダーシップは、リーダー経験者だけに身につく力ではありません。フォロワーとしてリーダーのふるまいを観察することでも養われるし、家庭や学校で小さな役割をこなしながら「いつか自分がリーダーになったらこうしよう」と考えることでも育まれていきます。

これは卒業生の親御さんに聞いた話ですが、茨城県の某有名私立中学校で学級委員長をしているのは、9割がリリーベールの卒業生だといいます。そのなかには、小学校時代にリーダーをやっていた子だけではなく、リーダーとは無縁の目立たないタイプだった子も含まれます。**小学校時代に1回もリーダーにならなかった子が、高校で全国総合文化祭の実行委員長になったという例もあります。**

リーダーの才能が、いつ、どの段階で花咲くかは人によります。いざ〝そのとき〟が訪れたとき「よし、リーダーになろう！」と前向きに決断するためには、幼児のうちから「リーダーはかっこいい」という意識を育むことも大切です。

そのためにリリーベール小学校ではリーダーに**「かっこいい待遇」**を用意しています。主たるリーダー職にはバッジを付与し、行事の折にはエムブレム付きのサッシュ（たすき）を着用させ、ときおり校長室で校長と給食をとる名誉（？）を与えているのです。

昔の家庭では、家長たるお父さんにはおかずが一品多く用意され、一番風呂に入る権利も与えられていました。時代錯誤と思われるかもしれませんが、リーダーは偉くてかっこいいという意識を育むにはいい習慣だと思います。あなたのご家庭でも、リーダーをちょっとだけ特別扱いしてみてはいかがでしょうか。もちろん、お父さんではなくお母さんがリーダーだって構いませんよ。

子どもは年下の子の面倒を見るようにプログラムされている

コミュニケーション能力

小学校におけるリーダーシップ教育はだいたい10歳ころから始まりますが、それ以前の子どもにもリーダーシップの萌芽《ほうが》を認めることはできます。いや、**そもそも子どもは自分よりも年下の存在がいれば、自主的にリーダーを買って出るように脳にインプットされているのです。**

狩猟採集の時代は、日が昇るとすぐに男は狩りに、女は木の実などを集めに行きました。その間、集落に残された小さい子どもたちの面倒を誰が見ていたかといえば、年長の子どもたちです。血のつながりの有無にかかわらず、大きい子が小さい子の世話をするというやり方で、人間は何万年も生きてきたのです。

だから子どもは、自分より小さな子どものお世話をするのがうれしいと感じるし、小さな子どもは年長の子どもにすぐ懐くようにできています。脳にインプットされているこの本能を十分に発揮させてあげれば、自然とリーダーシップやフォロワーシップといった人間性知能は高まり、学力を両方の視点から向上させることができます。

ところが現代ではなかなかそうした場がありません。一人っ子が増え、学年が違う子どもと遊ぶ機会も減りました。だからこそ親せきや友人の子どもなど、年齢差のある子どもと遊ばせる機会は大切にしてほしいと思います。


リリーベール小学校では、小学校1〜2年生と幼稚園の年長さんがダンスやゲームで交流する**「げんき会」**というイベントを年3回開いています。1〜2年生は、小学校では最年少でリーダーシップを発揮する機会がないだけに、自分たちよりも小さな子の面倒をみるのが楽しくて仕方ないのか、毎回大張り切りです。

一方の年長さんは、幼稚園では最年長だから我慢しなければならないことも多いけれど、「げんき会」では小学校のお兄ちゃん、お姉ちゃんに存分に甘えられる。「げんき会」は、上の子も下の子も楽しみながら人間性知能を育める場となっています。

一流企業に行くよりも ずっと大切なこと

本書では、「6つの器」や人間性知能の重要性をわかりやすく伝えるために、偏差値や進学先を例に挙げてきましたが、私はリリーベール小学校を学力至上主義の学校にはしたくないと考えています。いわゆる〝いい学校〟に進学する子はたくさんいるけれど、それが売りの学校ではないのです。

なぜ、いい学校に入りたいのか？　どうして一流企業に就職したいのか？

それは、偏差値の高い学校や一流企業に入ることが、幸せへの近道だと思っているからでしょう。

たしかに、いい学校に入ればそれだけ進路の選択肢は広がります。それを否定するつもりはありません。しかし、もしも学力以外に幸せになる道を見つけた子がいたなら、そちらも全力で応援します。

9歳までに「4つの体験」を通じて脳の器を広げたら、10歳からはリーダーなどの役割を経験させ、器にご飯を盛る力を培っていく――。

このリリーベール式の育脳教育は、いい学校に入るためではなく、**子ども自身が幸せになるためにあるのです。**

先日、そんな教育の成果が実ったなと思える、うれしい話を聞くことができました。

東京の名門女子大学に進学した本校の卒業生が、就職活動の時期を迎え、二つの企業から内定を獲得しました。一社は大手航空会社、もう一社は某老舗《しにせ》真珠メーカーです。

どちらも歴史ある優良企業ではあるものの、この二択なら、ほとんどの人は前者を選ぶでしょう。なにしろ日本を代表する大手企業であり、就職したい会社ランキングでもつねに上位に名を連ねる大人気企業です。ところが彼女は悩んだ末、真珠メーカーを選択しました。理由を尋ねたところ、会社説明会の際に「真珠そのものは輝かないけれど、それを付けた人は輝かせられる」という話を聞いて感銘を受け、「私もそんな素敵な商品を扱いたい！」と思ったのだそうです。

同じように、大手不動産会社と全国チェーンの珈琲《コーヒー》店から内定をもらい、待遇面では格段に劣る珈琲店のほうを選んだ卒業生もいました。「バリスタになってコーヒーで人を幸せにする」という夢を叶えるためです。

どちらも世間一般の常識からすれば、〝損な〟選択に思えるかもしれません。しかし、会社の規模や知名度などではなく、**明確な目標を持って自身の生き方を選べる子に育ったことは何よりもすばらしいことです。**

私は、かつての教え子たちがそうした選択ができたことを心から誇らしく思います。

第5章

脳の働きを「爆上げ」する生活習慣

家庭教育とは、つまるところ「環境」を整えることである

「6つの器」と人間性知能を効率よく伸ばしていくためには、親のサポートが欠かせません。日本では幼稚園教育と小学校教育が分断されていて、本来は体験学習が必要な年齢から座学中心の学習に切り替わってしまううえ、公立校ではリーダーを経験できる機会も限られます。この環境下で親が何も手を打たなければ、子どもは「6つの器」と人間性知能を伸ばす機会を失ってしまいます。

では、親はどのようにわが子をサポートすればよいのでしょうか。

子どもが未熟なうちは**「やり方のサポート」**が中心になります。身体の動かし方や鉛筆の持ち方、身のまわりの整理整頓の仕方などを教えるのです。そして子どもがある程度成長してきたら、徐々に**「環境のサポート」**に切り替えていく。子どもが自主

的に「6つの器」と人間性知能を伸ばせるよう、家庭内の環境を整えるのです。

家庭環境を整えたうえで第3章の具体的な五感を刺激する「体験学習」を行えば、子どもの学力はますます伸びていきます。


ふだんの生活環境が脳の成長に大きな影響を及ぼすことは、数々の研究で明らかにされています。

たとえば、回し車やトンネルなどがある豊かな環境で育ったネズミは、遊び場のない閑散とした環境で育ったネズミよりも、迷路を抜け出す能力が高くなるという研究結果があります。これは「海馬《かいば》」が発達した結果だと考えられます。遺伝子コードが変化するには進化レベルの長い時間が必要ですが、脳の成長は後天的な影響を受けるため、子どもには豊かな環境を用意してあげることが大事なのです。

子どもにとっての豊かな環境とは、たとえば**「アナログ時計がある部屋」**がそれに当たります。デジタル時計にくらべてはるかに時間の概念を理解しやすいので、論理数学的知能や空間的知能の育成に役立ちます。


部屋に絵画や花を飾るのもいいでしょう。一般的に、日本の住宅は白壁にフローリング、茶色や黒の木製家具というパターンが多く、欧米にくらべると圧倒的に色彩が足りません。これでは絵画的知能が刺激されないので、絵画や花などで色を添える必要があるのです。

本書の最後となる第5章では、「ぜひこれだけは知っておいてほしい」というものに絞って、脳の成長、つまり**学力が自然と向上しつづける家庭環境や生活習慣のつくり方**を紹介していきます。

これを知ることで、子育てもぐんと楽になります。自分の子どもだけ覚えが悪いのではないかと不安になることはないですし、子どもの学力に対して一喜一憂するストレスもなくなります。子どもと親の関係がよくなり、家のなかが明るくなるので、自然と幸せな家庭を築けるようになるのです。

教材や塾に余計なお金をかける必要はありません。子どもの学習のために親が割く時間も大幅に減るため、ゆっくり休息を取ることもできれば、趣味やスキルアップの時間に充てることで子どもと一緒に成長を楽しむこともできてきます。

家庭教育を知り、環境を整えることは、家庭そのものの「幸せ」を築くことでもあるのです。

睡眠をしっかりとるだけでＩＱは10伸びる

環境のサポートでまっ先に行うべきは、子どもの生活習慣を整えてあげることです。
とくに幼児のうちは、知育などよりもはるかに「寝る、食べる、運動」の習慣を整えることが大切で、これができていなければ育脳どころではありません。「百ます計算」開発者の陰山英男先生も、「百ます計算で伸ばした知恵をもっと伸ばすには、規則正しい生活を送る必要がある」と述べています。

睡眠学の権威である小児科医・熊本大学名誉教授の三池輝久先生によると、**未就学児は10時間、小学生は9時間、中学生は8時間**寝かせる必要がある。それも21時前には就寝させ、かつ、寝る時間と起きる時間は30分の誤差なく毎日揃《そろ》える必要があるのだそうです。だから「お父さんが22時に帰ってくるからそれまで起きて待っていましよう」というのは間違いで、**子どもが小さいうちは父親との交流よりも睡眠を優先させなければなりません。**

なぜなら記憶が定着するのも成長ホルモンが出るのも、すべて寝ている間の出来事だからです。頭のいい子を育てるには睡眠が何よりも大事で、睡眠の習慣を整えるだけでＩＱの10や15はすぐに上がるといわれています。

さらに三池先生は「睡眠不足が原因で疑似発達障害が起こることもある」と言っています。たしかに小学校の子どもたちを見ていても、睡眠不足の子は朝から機嫌が悪く、集中力がなく、攻撃的になる傾向があります。それが続けば疑似発達障害に発展してしまうこともあるでしょう。

そこで私は三池先生にお願いして、リリーベール小学校の保護者向けに、睡眠についての講演をしていただきました。すると驚くことに、保護者の方から

「三池先生の言うとおりに早く寝かせるようにしたら、たった１週間で子どもの性格が穏やかになり、落ち着きが出て、集中力も高まって、朝起こさなくても自分で起きてくるようになりました」

という声すらあがってきたのです。このうれしい報告を聞いて、私も睡眠の大切さ

をあらためて実感しました。

「家訓」のすすめ

家族ほど自然集合的な集団はありません。会社なら利益を上げる、学校なら勉強するといった共通の目的がありますが、家族にはそれがない。なんのために一緒に暮らしているのかが明確ではない、社会という場所においては、実に不思議な集団といえます。

だからこそ、家族の関係性は不安定になりがちで、まずこの基盤が安定していないと学力を向上させるどころではありません。親がいくら子どもの学力へ目を向けても、子どもは反発してますます勉強から目を背けてしまいます。

家族の心を一つにするためには「共通の価値観」が不可欠です。それがあって初めて秩序は整い、「6つの器」や人間性知能を伸ばすことができるのです。

内容は、どんなものでも結構です。たとえば、次のようなものを掲げる家庭が多いように思います。

「先祖を大事にする」
「健康第一！」
「悪いことをしない」
「約束を守る」

本当になんでもいい。大事なのは、それを明確に言葉であらわして家族全員で共有し、絶対に揺るがさないことです。**「家訓」**とはそういうものだと私は思っています。家訓を明確に掲げ、家族みんなでそれに従うことは、家庭内の秩序を盤石にすると同時に、子どもが規範意識に従うトレーニングにもなります。

私が育った大久保家の家訓は**「絶対に他人のものを盗まない」**という単純なものでした。親父が子どもたちを集めて正座させ、「いいか、他人のものを盗《と》ったりしたら家からつまみ出すからなっ！」ときつく言い渡されたのを覚えています。

私はそれを忠実に守っていましたが、一度だけ、隣の家の塀に上って柿を盗ったことがありました。遊び半分でしたが、親父にばれて目の玉が飛び出るほど怒られました。**でも、そのおかげで、それ以降は一度も盗みをしようなんて考えもしなかった。**

友達からゲーム感覚で万引きに誘われても、きっぱりと断ることができた。

子どもは家庭の秩序が乱れているほど、ちょっとしたきっかけで道を踏み外してしまいがちです。

自分がそうした規範意識を持つことができたのは、まさに家訓のおかげだったと思います。

朝ごはんとは、パンではなく「ご飯」を食べること

「寝る、食べる、運動」の三大生活習慣のうち「食べる」については、私よりも家庭の主婦であるお母さん方のほうが詳しいと思います。青魚に多く含まれるオメガ3脂肪酸が脳にいいことなどは、あらためて説明するまでもないでしょう。ですから本稿では栄養面の話ではなく、リリーベール小学校および附属幼稚園で実践し、学習への

効果が高かった食習慣について述べていきます。

第一に心がけていただきたいのは、朝食にはパンやシリアルや麺類《めんるい》ではなく「ご飯」を食べさせるということです。パン・シリアル・麺類は炭水化物のなかでも糖に変わるのが早く血糖値を急上昇させるため、勉強効率が落ちてしまうからです。

また、すぐにエネルギーに変わるということは、すぐにお腹がすくということでもあり、朝食は「ご飯」を食べていないとお昼休みまで持たないことが多々あります。とくに注意が必要なのは新1年生です。幼稚園・保育園まではおやつの時間があったのに、小学校に入ったとたんに朝食だけでお昼まで持たせないといけなくなった。それは、まだ胃が小さい新1年生にとってはかなり大変なことなのです。リリーベール小学校でも、強制ではありませんが朝食はご飯にするよう保護者にお願いしていますし、給食でも麺類などではなく毎日ご飯を出しています。

次に大事なのは、カルシウムと乳酸菌を積極的に摂取することです。カルシウムは脳のシナプスのはたらきを助け、記憶の定着をうながすといわれています。ですから脳をしっかり育てるには、小さいうちからカルシウムを十分にとる必要がある。小魚や牛乳を食べると、身体が丈夫になるだけではなく脳も元気になるのです。

一方の乳酸菌には腸の免疫力を高める力があります。リリーベール小学校および附属幼稚園では、数年前から給食のときに乳酸飲料を欠かさず出すようにしました。その結果、インフルエンザが大流行して県内のほとんどの小学校が学級閉鎖になった年でも、リリーベールだけは学級閉鎖ゼロで乗り切ることができました。これは乳酸飲料を毎日飲む習慣の賜物《たまもの》だろうと考えています。

最後にお願いしたいのは、親子ともどもビタミンDの摂取を意識することです。実は近年、骨の成長障害である「くる病」になる子どもが増えています。これは外遊びが減り、紫外線を浴びなくなったためビタミンDがつくられなくなったからだといわれています。それに加え、お母さんが美白のために日光を避けるから、母乳中のビタミンDも減っているようです。

ビタミンD不足は「くる病」だけではなく発達障害との関係も取りざたされているので、予防のためにも積極的に摂取するようにしてください。**ビタミンDはシラスやイワシなどの魚に多く含まれます。**

子どもの「なんで？」には情緒的に答えよう

3歳くらいになると、子どもは何かにつけて「なんで？」「どうして？」と聞いてくるようになります。きまじめなお母さんほど、科学的・論理的に正しく説明してあげなければと意気込んでしまうかもしれませんが、実は3歳くらいの「なぜなぜ期」には、そこまで真正面から向き合う必要はありません。

たとえば「お月さまはどうしてついてくるの？」と聞かれたらどうするか——。

正解は**「○○ちゃんが好きだからよ」**と情緒的に答えるのです。3歳くらいの子どもには地球と月の位置関係なんて説明しても理解できないし、おもしろいとも感じません。それよりは優しくて夢のある答えにしたほうが、心が豊かに育ちます。

ほかにも例をあげてみましょう。

Q「どうして熊さんはあんなに大きいの？」
A **「小熊さんを包み込んであたためてあげるためだよ」**
Q「孔雀《くじゃく》の羽はどうしてきれいなの？」
A **「みんなを楽しませるためだよ」**

このように、情感をくすぐるような回答を心がけましょう。

もちろん、それが通用するのは幼稚園くらいまでであって、理屈がわかる年齢になってきたら、できるだけ科学的・論理的に答える必要があります。

答えがわからない場合は、親が調べて教えてあげるのではなく「この図鑑で見てみようか」などと助言し、本人に調べさせるようにします。一人で調べるのが難しそうな場合は、一緒に図書館やインターネットで調べてあげるのもいいでしょう。

なお、**子どもの年齢にかかわらず「知らないよ」という答え方は避けてください。**子どもは自分が拒否されたように感じてしまいます。

コーヒーの香りが漂っていると親切になる人が60％増える

私はディズニーの大ファンで、世界中のディズニーランドに行ったことがあるのをひそかな自慢にしています。各パークにはさまざまな趣向が凝らされていますが、どの国のディズニーランドにも共通しているのが**「ポップコーンの香り」**です。

実は、あのバターの甘い香りには、人を優しくする効果があるそうです。ディズニーランドはポップコーンで儲《もう》けようというよりも、その香りの効果で夢の国をより楽しい雰囲気にすることを狙《ねら》っているのでしょう。

別の実験により、コーヒーの香りにも同様の効果があることがわかっています。ショッピングセンター内で道行く人々に「すみません、ちょっと小銭に両替してくれませんか」とお願いするというドッキリのような実験をしかけたところ、**周囲にコーヒーの香りが漂っている場合は、無臭の場合にくらべて親切に両替に応じる人が60パーセントも増えたというのです。**

私も学校のイベントホールにはアロマを焚《た》くようにしています。

お母さん方も、育児や教育が思うようにいかずにイライラしてしまう日は、ぜひこうした香りの力を活用してみてください。コーヒーを淹《い》れたりアロマを焚いたりすることで気持ちがリフレッシュされて、子どもにも優しく接することができるようになるでしょう。

リビングに写真を飾ると、家族思いで「グレない子」が育つ

どんなに愛情を注いで理想的な教育をほどこしたとしても、嵐のような思春期には、うっかり道を踏み外してしまうことがあります。不良にあこがれたり、行き場のない反抗心からちょっと悪いことをしてみたくなったりするものです。

それが一時の気の迷いで終わるのか、それとも本当に不良になってしまうのかは「幼児期の思い出」にかかっています。子どものころ両親にしっかり愛された記憶、

家族で楽しく過ごした思い出がある子ほど、道を外れてもちゃんと戻ってくる確率が高まるのです。

だから幼児期のうちから家族と信頼関係を築いておくのはもちろんのこと、その記憶をより深くすり込むために、**リビングなどいつも見える場所に思い出の写真を飾りましょう。**子どもはそれを見るたびに自分が愛されていることを再確認でき、精神が安定します。

一緒に暮らす家族だけではなく、祖父母の写真を飾るのもおすすめです。幼児教育の世界では**「祖母効果」**といって、祖母と接する頻度が高いほど子どもにいい影響があるといわれています。一緒に住んでいたり、頻繁に遊びに行けるならいいのですが、そうではない場合は、せめて祖父母の写真を飾ってその存在を身近に感じてもらいましょう。祖父母からの愛情を感じられるうえ、祖先や目上の人を敬う気持も育ちます。

なお、写真はできればコルクボードにピン留めするのではなく、きちんと額に入れて飾ったほうが、大切な写真であることがより強調されて効果が高まります。

「自立している子」ほど学力が高いのは教育界の絶対常識

ほとんどのご家庭では、子どもにはしっかりとした躾《しつけ》をしたいと考えているはずです。しかし「躾とは何か？」と聞かれて即答できる人は少ないのではないでしょうか。

幼児教育界の定義では、躾とは**「基本的生活習慣」を身につけること**をいいます。具体的には、着替え、食事、排せつ、身のまわりの始末、挨拶《あいさつ》がそれにあたります。これに加えて、ルールを守ることと、感情をコントロールすること。これが3〜4歳までに身につけておきたい躾の全容です。

これらの躾ができている自立した子ほど成績がいいというのは、教育界では知らぬ人のない常識です。これらの習慣によって多重知能が鍛えられるとともに、勉強するための環境も整うからです。身のまわりの始末ができず、いつも「鉛筆はどこだ」「消しゴム忘れちゃった」なんて言っていては勉強どころではありません。

ですから家庭ではまずこれらの基本的生活習慣を徹底的に身につけさせましょう。

躾は、ひらがなや英語を教えるよりもずっと重要で、将来の学業成績にも直結する最高の教育です。

子どもをやる気にさせる褒め方と、ダメにする褒め方がある

近年、子育てのスタイルは「褒《ほ》めて育てる」が主流になってきました。これはとても理にかなったことで、お前はダメだと言われるよりも、お前はやればできると言われた子どものほうが実際にできるようになることは、40年の教育経験からも間違いありません。

アメリカの教育心理学者ロバート・ローゼンタールは1964年、サンフランシスコの小学校でこんな実験を行いました。無作為に選ばれた児童の名簿を担任の先生に見せて「この子たちは今後、数か月で成績が伸びるグループだ」と伝えたところ、そのグループの子どもたちは本当に成績が伸びていった。なぜそんなことが起きたかと

いえば、担任は「この子たちは伸びる」と本気で信じ、子どもたちは担任の言動から「どうやら自分たちは期待されている」と感じ取った。だから子どもたちはその期待に応えようと熱心に学ぶようになり、成績を伸ばすことができたのです。これを**「ピグマリオン効果」**といいます。

家庭内でピグマリオン効果を実現するためには、まずは親が「うちの子はできる」と信じること。その期待が子どもに暗示をかけるのです。

ただし、ここでポイントとなるのが「褒め方」です。いくら子どもに期待を伝えるためとはいえ、褒め方を間違えると逆効果になってしまう可能性があります。

絶対に避けてほしいのは「〇〇ちゃんは頭がいいね」という言い方です。そんなふうに褒めると、できなかったときに「自分は頭が悪いから、才能がないからできなかったのだ」と思ってしまい、努力をしない子になってしまいます。

同じように「お父さんの血だね」「遺伝だね」などもNGワードです。自分の努力では解決できないことを言われると、子どもはやる気をなくし、頑張ろうと思えなくなります。

子どもが何かをうまくやったときは**「よく頑張ったね」と「努力したこと」を褒め**

ましょう。そうすると「頑張ればできる」という自信が生まれ、うまくできなかったときは「自分の努力が足りなかったからだ」と、前向きに反省できる子に育ちます。

子どもが悪いことをしたら「私メッセージ」で叱りなさい

褒めるのとは反対に、子どもを叱るときは、**悪い行為そのものを叱るだけではなく、「その行為がもたらす結果」をイメージさせることがポイントです。**

たとえば子どもが宿題をやりたがらないとき、「宿題をやらなきゃだめでしょう」などと当たり前のことを言っても、子どもにはあまり響きません。それよりも「あなたが宿題をやらないで学校に行ったら、先生に怒られたり、友だちに笑われたり、休み時間に別室で宿題をやらされたりするだろうね」と、宿題をやらないことで予想される結果をイメージさせるのです。

このイメージに加え、**「そんなことになったら、お母さんは悲しいな」**という母の想いを言い添えれば、より効果が高まります。

大久保家でも昔、こんなことがありました。

わが家の長女は子どものころから成績優秀で、茨城県内でトップの中学校に進学したのですが、当時その学校は少し荒れていて、女子の間で喫煙など不良のまねごとをするのが流行《はや》っていました。そしてある日、娘のカバンからもタバコとライターが見つかりました。

それを見つけた妻は、目の玉が飛び出るほど怒りたい気持を抑えて、娘に**「私メッセージ」**でこう伝えました。

「私は、未成年でたばこを吸うような娘は悲しい。親としてここまで毎日お弁当を作ったり、習い事の送り迎えをして大切に育ててきたのに、あなたがそんなふうになったら、とてもつらいわ……」

するとと娘はシクシク泣きだして、すなおに謝り、以後、喫煙を思わせるような行動はいっさいなくなりました。あのとき「中学生の分際で喫煙とはなにごとだ！」というように頭ごなしに怒っていたら、娘も反発して、話はこじれにこじれていたのではないかと思います。

真正面から行為を叱るのではなく、母の想いが詰まった**「私メッセージ」**を伝えるのは効果てきめんです。幼児期から思春期まで長く使えるテクニックなので、ぜひ覚えておいてください。

「忙しいからあとで」は「今ならいいよ」とセットで伝えなければならない

育児中の母親は何かと忙しく、まとわりついてくる子どもに「忙しいからあとで」「ちょっと待って」などと言ってしまいがちです。やむを得ない対応ではありますが、「忙しいからあとで」と言ったからには、忙しい用事が終わって手が空いたら**「今ならいいよ、さっきのお話なんだった？」**と必ずフォローしてあげなければなりません。

それを怠り、なし崩し的に「あとで」と言った事実をなかったことにするのは、子どもとの信頼関係を大いに損ねます。

私が幼稚園児のとき母はリリー文化学園の校長で、私たち家族は学園の敷地内で暮らしていました。幼い私には、母が仕事で忙しいことなど理解できないので、自宅をちょこちょこ抜け出しては職員室に行って「お母ちゃん、虫取りに行こうよ」などと誘っていたようです。いま思うと、のどかな時代でした。

もちろん母は仕事中なので、返ってくる言葉はいつも「いま忙しいからあとでね」でした。そして残念ながら、忙しい仕事の時間が終わっても「今ならいいよ」というフォローはなかったように記憶しています。

それから数十年の歳月が流れ、今度は私がリリー文化学園の理事長に、母は学園長になって、互いに隣室で仕事をするようになりました。そのころは私のほうがずっと多くの仕事を抱えるようになっていたため、母が何か用があって理事長室へ来ても「いま忙しいからあとでね」とすげなく追い返してしまうことが多々ありました。

「子どもにしたことは、いつかそっくり自分に返ってくるものね。私が息子と話したくても、あの子はいつもあとで、あとでで、しみじみ話もできないのよ」

母はそんなふうに周囲にこぼしていたといいます。

勉強が「かっこ悪くない集団」に所属させる

近年、**「女子校」**が見直されつつあります。それは女子生徒が異性の目を気にせずに、存分にやりたいことに打ち込めるからです。

共学校では「数学ができる女はかわいくない」とか「リーダーシップをとる女はおかしい」といった偏見があり、能力ある女子が萎縮してしまうことが少なくないようです。しかし女子校ならそうした逆風にさらされることなく、本来の力を発揮できるというわけです。宇宙飛行士の向井千秋さんや女性初のノーベル賞受賞者・キュリー夫人など優れた女性のリーダーに女子校出身者が多いのは、理不尽なプレッシャーにさらされることなく十分に能力を伸ばすことができたからでしょう。

進学する高校や大学をどうするかは子ども自身が決める問題ではありますが、子どもがよい学校を選択できるようにサポートするのは親の務めといえます。

よい学校とは、偏差値の高い学校のことではありません。

子どもの能力は、思春期の子ども同士の関係のなかである程度決まっていきます。

たとえば黒人による集団社会では、いまだに「勉強ができるやつはクールじゃない」という風潮があり、仲間外れになるのがこわくて勉強を捨て、ギャングスターのふるまいを身につけようとする子どもが多くいます。しかし、そんなお互いに足を引っ張り合うような環境では、能力を伸ばすことはできません。

子どもを成長させたいのであれば、勉強することがかっこ悪くない集団に所属させることが大事です。

学校選びも、そうした基準で選んでほしいと思います。

子どものモチベーションが最高に上がる「ご褒美」はこれだ！

ひと昔前まで、子どものやる気を引き出すために「ご褒美」をあげることは、内部的なモチベーションを削《そ》ぐことになるのでご法度だとされていました。しかし最近の研究では、脳は騙されやすいので**「ご褒美」**でうまく釣ってコントロールすることも有効であるとされています。

リリー文化学園でも、ご褒美を最大限に活用しています。

たとえば附属幼稚園では、お当番がよくできたときや、お友達に親切にできたときなどは、ご褒美として金色のシールを渡します。シールはお当番カードなど、みんなに見えるところに貼ります。**幼いうちは「よくできました」という言葉だけではピンと来ないこともあるので、シールなどで功績を〝見える化〟することが大事なのです。**

これは家庭でも応用できるテクニックで、ピアノの練習がちゃんとできたときや、ご飯を残さず食べられたときなど、頑張ったときにシールをあげて、カレンダーなどに貼っていくとモチベーションアップにつながります。シールが何個たまったら動物園に連れていくといった特別なインセンティブを設けるのもいいでしょう。

ご褒美を用意するときの注意点は、何をしたらもらえるのか、最初にルールを明確にすることです。ルールなしにそのつど気分で渡していては、ご褒美の意味がありません。

このように外部から与えられるご褒美を**「外的インセンティブ」**といいます。反対に、ご褒美のためではなく、純粋にそれが楽しいからやっているというのは**「内的インセンティブ」**になります。かつての幼児教育界では内的インセンティブばかりが重視されていましたが、近年は外的インセンティブの有効性も注目されるようになっています。

ただし、献血した人にお金を払うようにしたら献血者が減ったとか、ボランティアの人に「募金で集めた額に応じて謝礼を出す」と言ったら募金額が減ってしまったというような例もあります。これは、お金という外的インセンティブが持ち込まれたとたんに、献血や募金を通して社会に貢献したいという内的インセンティブが失われてしまったからです。内的インセンティブが高い場合は、外的インセンティブの追加は逆効果になってしまうこともあるので注意が必要です。

なお、行動経済学者ジョン・リストによると、ご褒美は「最初に与えて、うまくいかなかった場合に没収する」のが一番効果的だといいます。

彼は子どもたちを集めて次の①～⑤の条件で試験を受けさせ、点数がどれくらい変化するかを実験しました。

①最初に20ドル与えて、前回より悪ければ没収
②前回より上がったら、試験後に20ドルを与える
③20ドルを与えるのは1か月後
④上がった人には3ドルのトロフィーを与える
⑤何も与えず単に励ますだけ

このうち③と⑤は何の効果もありませんでした。低学年の子どもには④が効いたものの、全体的に効果が高かったのは①と②で、とりわけ①が効果的だったといいます。

つまり、ご褒美は「成功したらあげる」よりも「失敗したら取り上げる」ほうが、

効果が高い。家庭で応用するなら、「成績が上がったら新しいゲームを買ってあげる」よりも「成績が落ちたらゲームで遊ぶ時間を制限する」と言ったほうが、子どもは本気で勉強するというわけです。

おわりに

教育界に足を踏み入れてから40年。そしてリリーベール小学校を設立し、「幼小一貫教育」をスタートして15年。

ほとんどの教員が「幼児教育の担任を経て小学校教諭を務める」という試みは、日本では誰も考えなかった試みでもありました。その試みがどのような結果をもたらすのか、やってみるまで誰にもわからないことでした。

そんななか始めた「幼小一貫教育」でしたが、五感を刺激する「体験学習」に重きを置くことで着実に実を結び、児童の学力や偏差値、進学実績など目に見える形でも、成果を実感できるようになってきました。

私はこれまで、世界中というと大げさですが、アメリカ、イギリス、デンマーク、フィンランド、ブラジル、台湾、香港、シンガポール、韓国、中国など、100を超える幼稚園、小学校を見てきました。そこで思うのは、文化の違いはあるにせよ、日本の幼小教育の質は世界でも一番だということです。

いまは日本の幼稚園でも小学校でも、自己主張をさせ、自分で考えるということに力を入れています。仲間を思い、自分の主張と集団のルールを調整するような高度なことが年長児でもできる国はそうそう無いと思います。

サウジアラビアでは日本の小学校の「掃除」を取り入れ始めているなど、世界の「お手本」となっているのです。

国民の平均レベルの学力や民度の高さ、犯罪率の低さはひとえにこの初等教育のおかげだと思います。しかし、中等教育、高等教育になると世界に追い抜かれている印象があります。

今後日本が世界に通用する人を多く輩出していくためには、「幼小一貫教育」を踏まえた、中等教育、高等教育の変革を待たねばなりません。


私には目標があります。

それは、地方で活躍する人、地方にいて世界的な仕事をする人を育てていきたいということです。今の日本では東大、京大、早慶などの有名大学にどれだけ合格させたかで学校の「質」が判断されがちですが、そうした大学に進学した人を見ていると、地元には帰らずにそのまま都会で就職するというケースが多く見られます。「いい教育＝東京で働く人を育てること」になっているのは地方の教育機関としては非常に悩ましい問題です。

さらに言えば都会の有名大学に進学して都会の有名企業に就職することが成功の証しである機運そのものも子どもの幸せを阻害しかねません。たしかに、地方都市には刺激は少ないかもしれません。しかし、幸せでゆとりある人生を送るにはうってつけの環境です。

私は地方にいて世界に活躍する人を育てたい――そう思っています。

だからこそ、子どもの学力向上にも粉骨砕身、努めてきました。


そして学力を身につけた先にあるのは、その子自身の人生の幸せにほかなりません。


そのためには受験ばかりを見据えて子どもに勉強させるのではなく、9歳という大事な時期までにちゃんと「6つの器」を大きくし、10歳以降は人間性知能を育てるという「幼小一貫教育」を行うことが何よりも重要です。

そうすれば自然と、子どもの得意なことも見つかります。

「得意なこと」を見つけてそれを磨き、それを仕事にして毎日幸せに生きる――。

これはどの大学に行くことよりも、大切なことだと思います。そうして得た幸せな家庭は何よりの宝物になるでしょう。

心も育ち、幸せな家庭を築く人が増えれば、児童虐待などの問題も減少します。そうすれば今の「余裕のない」日本の人々、そして教育界も変わっていくことでしょう。

本書がその一助となることを祈るとともに、まずは手に取っていただいたあなたの子育てがたくさんの幸せに満ちたものになりますよう、心から願っています。

2019年3月

大久保博之

〈著者〉
大久保博之（おおくぼ・ひろゆき）
学校法人リリー文化学園理事長。元茨城県教育委員会委員長。茨城県商工会議所連合会会長。水戸商工会議所会頭。

1953年、茨城県生まれ。大学卒業後、就職内定を得るものの、教育の仕事をしたいとの思いから母が運営する幼稚園の仕事に携わる。子どもの能力には「臨界期」があることに注目し、「脳の発達過程に逆らわない教育」を実践しつづけたところ「9歳」までの学習がとにかく重要であることを突き止める。

「幼稚園と小学校は別」が教育界の常識ながら脳の臨界期をもとに「幼小一貫教育こそ重要」だと考え、2004年、全国初の「幼小一貫校」を設立し同校校長に就任。いち早く脳科学の視点を取り入れたスタイルにより「学年平均」で偏差値が50から64に大幅上昇、「毎日パソコン入力コンクール」で8年連続団体日本一、日本漢字能力検定最優秀団体賞やＮＨＫ全国学校音楽コンクール入賞を獲得するなど、数々の実績を挙げつづける。その評判はたちまち広がり、親からの絶大な信頼を得ていまや超人気校に。河村建夫元文部科学大臣はじめ、教育関係者が視察に来ることも多い。

現在では、幼稚園・小学校などあわせて14施設を展開しグループ全体の生徒数は約5000名、これまで育ててきた生徒総数は5万人以上にも及ぶ。また、茨城県商工会議所連合会会長をはじめ46の公職に就くなど、教育分野にとどまらず、経済、金融、環境、国際交流など幅広い分野においてリーダーシップを発揮し、活躍している。

子どもの能力は9歳までに決まる

2019年4月25日　初版印刷
2019年5月1日　初版発行

著　者　大久保博之
発行人　植木宣隆
発行所　株式会社 サンマーク出版
東京都新宿区高田馬場 2-16-11
（電）03-5272-3166
印刷・製本　三松堂株式会社

ISBN978-4-7631-3756-2　C0030
ホームページ　https://www.sunmark.co.jp